高校辅导员队伍建设研究

李规 著

中国国际广播出版社

图书在版编目（CIP）数据

高校辅导员队伍建设研究 / 李规著. -- 北京：中国国际广播出版社，2024.7. --ISBN 978-7-5078-5595-1

Ⅰ. G645.1

中国国家版本馆 CIP 数据核字第 20247D4E48 号

高校辅导员队伍建设研究

著　　者	李　规
责任编辑	张娟平
校　　对	张　娜
封面设计	万典文化

出版发行	中国国际广播出版社有限公司
电　　话	010-86093580　010-86093583
地　　址	北京市丰台区榴乡路 88 号石榴中心 2 号楼 1701
邮　　编	100079
印　　刷	天津市新科印刷有限公司

开　　本	787 毫米×1092 毫米　1/16
字　　数	200 千字
印　　张	12.5
版　　次	2025 年 1 月第 1 版
印　　次	2025 年 1 月第 1 次印刷
定　　价	78.00 元

（版权所有　翻印必究）

PREFACE 前 言

高校辅导员队伍建设研究是当前高等教育领域中备受关注的重要议题。辅导员在大学中扮演着至关重要的角色，他们不仅是学生的学业和生活导师，更是学生心理健康的守护者和情感支持者。因此，建设一支素质过硬的高校辅导员队伍对于提高教育质量、促进学生全面发展具有重要意义。辅导员应具备扎实的学科知识和专业技能，能够为学生提供学业指导、职业规划等方面的支持。此外，他们还需要具备一定的心理学知识和沟通技巧，能够有效解决学生在学习和生活中遇到的问题，提高学生的心理健康水平。在大学中，辅导员通常是一个团队，他们需要密切合作，共同为学生提供全方位的服务。因此，建设一个团结、协作的辅导员队伍是至关重要的，可以通过定期开展团队建设活动、加强交流学习等方式提升团队协作能力。教育领域的知识和技术都在不断更新和发展，辅导员需要不断学习、提升自己的专业水平。因此，高校可以通过组织培训课程、参加学术会议等方式，为辅导员提供持续的专业发展机会，使其始终保持在教育领域的前沿。

本书旨在系统研究高校辅导员队伍建设的理论与实践，为提升高校辅导员队伍建设水平提供理论指导和实践经验。本书涵盖了高校辅导员队伍建设的重要性、存在问题、发展趋势、理论基础、组织与管理、实践探索、国际比较研究、政策与制度保障、社会参与与合作、发展策略与路径等方面。第一章至第四章主要介绍了高校辅导员队伍建设的基本情况和理论基础，包括重要性、存在问题、发展趋势、理论框架、指导思想、基本原则、方法与策略等内容。第五章至第七章重点探讨了高校辅导员队伍建设的实践经验、国际比较研究、政策与制度保障、社会参与与合作等方面内容，旨在为高校辅导员队伍建设提供实践借鉴和政策支持。第八章则提出了高校辅导员队伍建设的发展策略与路径，强调可持续发展机制的构建，为未来高校辅导员队伍建设提供战略指导。本书适用于高校管理者、教育研究者、辅导员培训机构以及对高校辅导员队伍建设感兴趣的读者。

作者在写作本书的过程中，借鉴了许多前辈的研究成果，在此表示衷心的感谢。由于本书需要探究的层面比较深，作者对一些相关问题的研究不透彻，加之写作时间仓促，书中难免存在一定的不妥和疏漏之处，恳请前辈、同行以及广大读者斧正。

CONTENTS 目 录

第一章　高校辅导员队伍建设概述 …………………………………… 1
第一节　高校辅导员队伍建设的重要性 ………………………… 1
第二节　高校辅导员队伍建设存在的问题 ……………………… 11
第三节　高校辅导员队伍建设的发展趋势 ……………………… 15

第二章　高校辅导员队伍建设的理论基础 …………………………… 20
第一节　辅导员队伍建设的理论框架 …………………………… 20
第二节　辅导员队伍建设的指导思想 …………………………… 27
第三节　辅导员队伍建设的基本原则 …………………………… 42
第四节　辅导员队伍建设的方法与策略 ………………………… 46

第三章　高校辅导员队伍建设的组织与管理 ………………………… 53
第一节　辅导员队伍建设的组织架构 …………………………… 53
第二节　辅导员队伍建设的管理模式 …………………………… 68
第三节　辅导员队伍建设的人才培养与选拔 …………………… 76
第四节　辅导员队伍建设的激励与考核机制 …………………… 81

第四章　高校辅导员队伍建设的实践探索 …………………………… 88
第一节　高校辅导员队伍建设的成功经验分享 ………………… 88
第二节　高校辅导员队伍建设的创新实践 ……………………… 91
第三节　高校辅导员队伍建设的问题与对策 …………………… 96
第四节　高校辅导员队伍建设的未来展望 ……………………… 103

第五章　高校辅导员队伍建设的国际比较研究 107

第一节　国外高校辅导员队伍建设的经验与启示 107
第二节　国外高校辅导员队伍建设的特点与趋势 110
第三节　国外高校辅导员队伍建设的机制与模式 117

第六章　高校辅导员队伍建设的政策与制度保障 123

第一节　高校辅导员队伍建设的政策法规 123
第二节　高校辅导员队伍建设的制度建设 133
第三节　高校辅导员队伍建设的保障措施 136
第四节　高校辅导员队伍建设的政策落实与效果评估 140

第七章　高校辅导员队伍建设的社会参与与合作 147

第一节　社会力量参与高校辅导员队伍建设的模式与路径 147
第二节　高校辅导员队伍建设中的行业协作与合作 153
第三节　高校辅导员队伍建设中的社会组织参与 157
第四节　高校辅导员队伍建设中的社会资源整合与共享 165

第八章　高校辅导员队伍建设的发展策略与路径 169

第一节　高校辅导员队伍建设的发展策略 169
第二节　高校辅导员队伍建设的路径选择 179
第三节　高校辅导员队伍建设的可持续发展机制建设 183

参考文献 193

第一章　高校辅导员队伍建设概述

第一节　高校辅导员队伍建设的重要性

一、保障学生全面发展

辅导员是学生身心健康成长的重要支持者和引导者，他们的素质和能力直接影响着学生的全面发展。通过优秀的辅导员队伍建设，可以提供个性化的指导和关怀，促进学生的学业、职业、情感等各方面的全面发展。

（一）个性化指导和关怀

每位学生都是一个独特的个体，拥有着各自独特的学习方式、兴趣爱好和生活需求。因此，构建一个优秀的辅导员队伍至关重要，他们应该具备敏锐的观察力和辨识学生个体差异的能力。在这样的队伍中，辅导员们能够深入了解每位学生的特点，以便为他们提供个性化的指导和关怀。针对学习成绩不佳的学生，优秀的辅导员会采取针对性措施，提供有效的学习方法和辅导。这可能包括帮助他们建立良好的学习习惯，制定科学的学习计划，或者提供额外的学习资源和辅导课程。通过这些个性化的指导措施，学生可以更好地理解学习内容，提高学习效率，从而取得更好的成绩。

而对于情感困扰较多的学生，优秀的辅导员将提供心理健康方面的支持和指导。这可能包括开展心理健康教育活动，提供心理咨询服务，或者组织情感管理的训练课程。辅导员会耐心倾听学生的心声，帮助他们排解压力，化解困扰，重建自信，从而更好地适应学习和生活的挑战。通过个性化的指导和关怀，优秀的辅导员队伍能够有效地满足学生多样化的需求，帮助他们克服困难，实现自身潜能的最大发挥。这不仅有助于提升学生的学习成绩，还能够促进他们的全面发展，培养出更加健康、自信、积极向上的新一代人才。因此，建设一个高水平的辅导员队伍对于教育事业的发展至关重要。

（二）学业发展的促进

在学生的学业发展中，辅导员扮演着不可或缺的角色。他们的存在不仅仅是为了传授知识，更是为了引导学生建立正确的学习态度和方法，提升学习效率，从而促进他们的学业发展。通过各种形式的学业辅导和指导，辅导员们能够帮助学生克服学习中的障碍，实现个人潜能的最大化。辅导员可以通过定期的学业辅导，为学生提供有针对性的学习建议和指导。这包括帮助学生解决学习中的困惑和难题，指导他们合理安排学习时间，提供学科知识的补充和扩展，以及引导学生进行学习方法的调整和优化。通过这种方式，学生能够更清晰地认识到自己的学习问题，并及时得到有效的解决，从而促进学业的发展。

除了学业辅导，辅导员还可以帮助学生制定科学的学习计划。通过与学生一起制定长期和短期的学习目标，明确学习重点和优先级，以及规划学习任务和时间安排，辅导员可以帮助学生建立起良好的学习习惯和计划能力。这有助于学生提高学习的自觉性和主动性，更好地掌控自己的学习进度，从而促进学业的稳步发展。此外，辅导员还可以培养学生各种学习技巧，帮助他们提升学习效率。这可能包括阅读技巧、笔记技巧、复习技巧、解题技巧等方面的培训和指导。通过学习这些技巧，学生能够更加高效地吸收和理解知识，提升学习的质量和效果，进而促进学业的持续发展。

（三）职业规划与发展

辅导员在学生的职业规划和发展中扮演着关键角色。他们应当致力于为学生提供全方位的支持和指导，帮助他们了解自己的职业兴趣和能力，探索职业发展的方向，最终实现自己的职业目标。通过职业生涯辅导、实习实践指导等方式，辅导员们能够为学生的职业规划和发展提供积极的支持和帮助。辅导员可以通过职业生涯辅导帮助学生了解自己的职业兴趣和能力。他们可以与学生进行深入的沟通和交流，帮助他们认识自己的优势和特长，理清自己的职业目标和理想。通过一系列的职业测评和自我探索活动，辅导员可以帮助学生发现适合自己的职业方向，为未来的职业规划奠定基础。

辅导员可以通过实习实践指导帮助学生探索职业发展的方向。实习是学生了解职业生活、积累工作经验、拓展人际关系的重要途径。优秀的辅导员会积极为学生提供实习机会和指导，帮助他们在实践中了解不同职业领域的工作内容和要求，锻炼自己的实际操作能力，为未来的职业发展积累经验和资源。辅导员还可以为学生提供相关资源和信息，帮助他们顺利实现职业目标。这包括提供职业招聘信息、就业市场分析、职业技能培训等方面的支持和指导。辅导员可以与企业、行业机构等建立合作关系，为学生提供更多的就业机会和发展平台，帮助他们顺利实现职业目标，实现个人职业发展和社会价值的双赢。

（四）情感与人际关系的培养

辅导员们在这方面发挥着重要的作用。他们不仅应该关注学生的情感管理和人际交往，还应该给予他们必要的指导和支持，帮助他们建立积极的情感态度和良好的人际关系，提升情商和社交能力，为他们未来的成长和发展打下坚实的基础。辅导员可以通过情感管理的指导帮助学生建立积极的情感态度。在面对挫折和困难时，学生往往会受到情绪的影响，情感管理能力的缺乏可能导致其无法有效应对。优秀的辅导员会教授学生如何正确理解和处理情绪，如何调节情绪状态，如何树立积极的心态面对生活中的挑战。通过情感管理的指导，学生能够更好地控制自己的情绪，增强心理韧性，提高应对困难的能力。

人际关系是社会生活中不可或缺的一部分，良好的人际关系对于个人的成长和发展具有重要意义。优秀的辅导员会教授学生如何与他人进行有效沟通，如何倾听他人的需求和情感，如何解决人际冲突和矛盾。通过人际交往的指导，学生能够学会与他人合作、协调和互助，建立起良好的人际关系网络，为自己的成长和发展提供支持和保障。辅导员还可以通过各种形式的活动和训练帮助学生提升情商和社交能力。情商是指个体在情感和社交方面的智力素质，包括自我意识、自我管理、社交意识和关系管理等。辅导员可以组织情商培训课程、团体活动和角色扮演等形式，帮助学生提升情商和社交能力，培养他们的团队合作精神和领导能力，从而更好地适应社会生活和职场环境。

二、维护学生心理健康

高校学生面临着诸多心理压力和困扰，辅导员在学生心理健康教育和咨询方面起着至关重要的作用。一个专业化、高效的辅导员队伍能够及时发现学生的心理问题并给予有效的帮助和支持，促进学生心理健康水平的提升。

（一）心理问题的及时发现

在高校教育中，辅导员队伍扮演着关键角色，特别是在及时发现学生心理问题方面。这不仅需要辅导员具备较高的心理素养和专业技能，还需要他们通过多种方式与学生进行日常交流和观察，以及参与学校活动等途径，敏锐地发现学生可能存在的心理问题。这些问题可能涉及学习压力、人际关系困扰、情感失落等各种心理困扰，辅导员的及时发现为后续的干预和支持提供了重要的基础。辅导员在及时发现学生心理问题方面的工作并非简单的观察与判断，而是需要建立在对学生的充分理解和关怀基础上。他们通过与学生的日常交流，倾听学生的心声，了解他们的生活状态和情绪波动。同时，辅导员还需要通过观察学生的行为表现，包括学习态度、社交活动、情绪变化等方面，来发现是否存在异常或不寻常的情况。

辅导员还可以通过参与学校的各种活动和课程，与学生进行更加深入的接触和交流。这些活动可以是课堂上的小组讨论、社团活动、学术研讨会等，都是辅导员了解学生内心世界的有效途径。通过这些活动，辅导员能够更全面地了解学生的学习、生活和情感状态，及时发现可能存在的心理问题。辅导员的及时发现为学生心理问题的干预和支持提供了重要的基础。一旦发现学生存在心理问题，辅导员可以采取积极的措施，与学生进行深入的交流和沟通，帮助他们理清思路，解决困扰。同时，辅导员还可以引导学生寻求专业的心理咨询和支持，提供必要的指导和帮助，帮助学生尽快走出心理困境，重新获得信心和动力。

（二）有效的心理支持和帮助

当学生面临心理问题时，优秀的辅导员队伍会立即采取措施，为他们提供有效的心理支持和帮助。这种支持和帮助可以通过多种方式来实现，例如个别心理咨询、心理辅导或者心理疏导等方式，这些方法都旨在与学生进行深入的交流和探讨，帮助他们理清思绪，排解困扰，重新建立自信和勇气。个别心理咨询是一种常见的心理支持方式，辅导员通过与学生私下交流，倾听他们的心声和困惑，为他们提供个性化的心理建议和指导。在这种咨询过程中，辅导员会运用各种心理学理论和技巧，帮助学生认识和理解自己的情绪和心理状态，引导他们找到解决问题的有效途径，从而减轻心理压力，重建内心的平衡。

除了个别咨询，心理辅导也是一种重要的支持方式。在心理辅导过程中，辅导员会与学生一起探讨他们面临的困境和挑战，帮助他们找到解决问题的思路和方法。通过辅导员的专业指导，学生能够更好地认识和应对自己的情绪反应，培养积极的心态，增强自信心和抗压能力，从而更好地适应学习和生活的压力。此外，心理疏导也是辅导员为学生提供的一种重要支持方式。在这种情况下，辅导员可能通过一些放松的活动、心理疏导的技巧或者情感的倾听等方式，帮助学生释放压力，舒缓情绪，重新调整心态。这种方式不仅可以帮助学生暂时摆脱焦虑和困惑，还能够为他们提供一种积极的情绪体验，增强心理的健康感受。

除了个别心理支持，辅导员还可以引导学生参加心理健康教育活动，学习心理调适的方法和技巧，增强自我调节和应对压力的能力。这些活动可以是心理健康讲座、心理技能培训、放松训练等形式，通过这些活动，学生能够了解到更多关于心理健康的知识，学习到有效的心理调适方法，提升自己的心理素质，增强对压力和困难的应对能力。

（三）心理健康水平的提升

通过优秀的辅导员队伍的支持和帮助，学生的心理健康水平得到有效的提升。辅导员们的关怀和指导使得学生能够更加全面地认识和理解自己的心理状态，学会有效地应对各种心理挑战和困扰，从而建立起积极的心态和健康的心理素质。这一系列的改变不仅对学生个体的成长和发展具有重要意义，同时也为整个校园的心理健康氛围营造出了良好的基础，推动全校师生的心理健康水平共同提升。优秀的辅导员队伍通过个别心理支持和指导，帮助学生更全面地认识和理解自己的心理状态。通过与辅导员的深入交流和探讨，学生能够更清晰地认识自己的情绪和心理问题，理解其根源和影响，从而更加客观地看待和应对自己的心理挑战。这种认识和理解的提升为学生未来的心理成长奠定了坚实的基础。

辅导员们通过心理辅导和心理疏导的方式，帮助学生学会有效地应对各种心理挑战和困扰。在这个过程中，辅导员们引导学生积极面对自己的情绪和困境，教授他们有效的应对方法和技巧，帮助他们建立起积极的心态和健康的心理素质。这些技能的掌握不仅使学生能够更好地适应学习和生活的压力，也为他们未来的成长和发展提供了重要的保障。辅导员们通过组织各种形式的心理健康教育活动，为学生提供更多关于心理健康的知识和技能。这些活动包括心理健康讲座、心理技能培训、放松训练等形式，通过这些活动，学生能够学习到更多关于心理健康的知识，提升自我调节和应对压力的能力，从而进一步提升自己的心理健康水平。

三、指导学生生涯规划

通过个性化的指导和资源整合，他们可以帮助学生了解自己的兴趣、能力和价值观，引导他们进行科学的职业规划，为其未来的发展提供支持和指导。以下是辅导员在指导学生生涯规划方面的重要作用的几个方面：

（一）个性化指导

通过与学生进行深入的交流和沟通，辅导员能够了解他们的兴趣、爱好、优势和目标，帮助他们认清自己的特点和优势。基于这些了解，辅导员可以为学生提供个性化的职业规划建议，指导他们选择适合自己的职业道路，并制定实现目标的计划。个性化指导首先体现在与学生的深入交流和沟通中。辅导员会花时间与学生进行面对面的交流，倾听他们的心声，了解他们的职业志向、兴趣爱好和个人特点。通过这些交流，辅导员能够更加全面地了解学生的需求和目标，为他们提供更加贴心和有效的指导。

辅导员会根据学生的特点和优势，为他们量身定制职业规划方案，指导他们选择适合自己的职业道路。例如，对于具有创新思维和艺术才华的学生，辅导员可能会推荐他们从事创意行业或艺术设计领域；对于具有组织能力和领导潜力的学生，辅导员可能会鼓励他们考虑管理或领导岗位等。辅导员会与学生一起分析他们的职业目标，并制定可行的实现路径和计划。这可能包括明确的目标设定、阶段性任务规划、职业技能培养等方面的建议。通过这些具体的计划，学生能够更加清晰地了解自己未来的发展方向，并采取有针对性的行动。

（二）资源整合

辅导员可以整合学校和社会的各种资源，为学生提供职业发展所需的支持和帮助。这些资源包括职业测评工具、实习和实践机会、职业导师指导等。通过整合这些资源，辅导员可以帮助学生更好地了解不同行业和职业的特点，为他们未来的职业选择提供更多的参考和支持。辅导员可以提供职业测评工具，帮助学生了解自己的职业兴趣、性格特点和职业能力。这些测评工具可以通过问卷调查、测试等形式进行，帮助学生深入了解自己的职业倾向和适合的职业领域。通过这些工具的使用，辅导员可以帮助学生更加全面地认识自己，为他们的职业规划提供科学的依据。

辅导员可以为学生提供实习和实践机会，帮助他们在校外实践中积累工作经验和职业技能。这些实习和实践机会可以通过学校与企业、社会组织等合作来获取，为学生提供了与专业相关的实际工作机会。通过参与实习和实践，学生能够更加深入地了解自己所学专业的实际应用和工作环境，为他们未来的就业和职业发展做好准备。辅导员还可以为学生提供职业导师指导，帮助他们制定职业规划和发展计划。这些职业导师通常是来自于学校或社会各界的专业人士，他们具有丰富的职业经验和资源，能够为学生提供专业的职业指导和建议。通过与职业导师的交流和指导，学生可以更好地了解不同行业和职业的发展趋势，为自己的职业规划制定更加科学和可行的计划。

（三）职业规划指导

在学生生涯规划中，辅导员扮演着至关重要的角色，其中职业规划指导是其重要任务之一。辅导员可以为学生提供职业规划的指导和建议，帮助他们制定长远的职业发展目标，并为实现这些目标制定可行的计划。通过与学生一起探讨不同职业领域的发展趋势、就业前景和所需技能，辅导员能够帮助学生做出明智的职业选择，为他们未来的职业发展提供有力支持。辅导员可以与学生一起探讨不同职业领域的发展趋势和就业前景。辅导员会引导学生了解当前社会的职业发展动态，分析各行各业的发展趋势和就业前景。通过这些探讨，学生可以更清晰地了解不同职业领域的发展方向和就业机会，为他们未来的职业选择提供更多的参考和依据。

辅导员可以帮助学生了解不同职业所需的技能和能力。辅导员会引导学生分析自己的优势和兴趣，与之对应的职业所需的技能和能力，以及如何进行相关的技能培养和提升。通过这种指导，学生可以更全面地认识自己的职业适应性和发展潜力，为选择合适的职业提供科学依据。辅导员还可以与学生一起制定实现职业目标的具体计划。辅导员会根据学生的职业目标和个人情况，为他们制定可行的职业发展计划，包括明确的目标设定、阶段性任务规划和行动计划等。通过这些计划，学生可以更清晰地了解自己未来的发展方向和行动路径，为实现职业目标制定有效的计划和策略。

（四）职业发展支持

辅导员在学生职业发展过程中的支持和指导至关重要。他们不仅能够帮助学生制定职业规划，还能够为他们提供实际的职业发展支持，包括帮助学生准备简历、提供面试技巧培训、组织职业发展沙龙等。通过这些支持和指导，辅导员可以帮助学生顺利实现职业目标，为他们未来的职业发展打下坚实的基础。辅导员可以帮助学生准备简历。简历是学生向潜在雇主展示自己能力和经历的重要工具。辅导员可以指导学生编写规范、清晰、突出自己优势的简历，并提供反馈和建议，帮助他们不断完善和优化简历，提高竞争力。

辅导员可以提供面试技巧培训。面试是学生获得工作机会的重要环节，而良好的面试表现往往可以决定学生是否能够成功获得工作机会。辅导员可以通过模拟面试、提供面试题目和答案解析等方式，帮助学生提升面试技巧，增强自信心，有效应对各种面试场景。辅导员还可以组织职业发展沙龙等活动。这些活动可以为学生提供与行业专家、企业代表等交流的机会，了解最新的职业发展动态和行业趋势。辅导员可以邀请行业内的专业人士来校园进行讲座、分享经验，为学生提供职业发展的指导和建议。

四、推动学生思想政治教育

在推动学生思想政治教育方面，辅导员担负着重要职责。他们通过开展丰富多彩的思想政治教育活动，引导学生树立正确的世界观、人生观和价值观，增强学生的社会责任感和使命感，培养他们成为德智体全面发展的社会主义建设者和接班人。

（一）开展思想政治教育活动

辅导员在推动学生思想政治教育方面具有重要作用，其中开展各种形式的思想政治教育活动是其中之一。这些活动包括主题讲座、座谈会、读书分享会、思想大讨论等，旨在引导学生深入思考国家、民族、社会、个人的发展问题，促进学生树立正确的政治立场和价值观。主题讲座是一种常见的思想政治教育活动。在主题讲座中，辅导员可以邀请专家学者或校内外知名人士来校园进行讲座，围绕时事热点、国家政策、社会问题等展开深入的探讨，激发学生的思想和情感共鸣，引导他们树立正确的世界观、人生观和价值观。

座谈会是另一种有效的思想政治教育形式。在座谈会上，辅导员可以邀请校内外专家、学者或社会各界人士与学生进行面对面的交流与对话，就当前社会热点问题、思想观念等展开讨论，促进学生的政治思想和认识水平提升。读书分享会是促进学生思想政治教育的重要途径之一。辅导员可以组织学生读书小组，选择具有思想性、深度和广度的书籍进行阅读，并在读后组织分享讨论，让学生分享自己的思考和感悟，加深对重要思想问题的理解。

思想大讨论是一种开放式的讨论形式，可以让学生自由表达观点、交流思想，激发学生的思维和创新能力。辅导员可以选择一些有争议性或具有挑战性的话题，组织学生进行讨论，引导他们思考社会现实和个人发展的问题，从而达到提高学生思想政治素质的目的。

（二）加强思想引导和心理疏导

辅导员在学生思想引导和心理疏导方面扮演着重要的角色，通过个别辅导、集体谈心等方式，与学生进行交流和沟通，帮助他们解决思想困惑和心理压力，保持积极向上的心态。这种支持和帮助不仅有助于学生个人的成长，也有利于学生树立正确的政治立场和价值观，增强对党和国家的信任和归属感。个别辅导是一种常见的思想引导和心理疏导方式。辅导员可以与学生进行一对一的交流和对话，倾听学生的心声和困扰，帮助他们理清思路，解决困惑。通过个别辅导，辅导员可以更深入地了解学生的思想和心理状况，有针对性地给予支持和建议。

集体谈心是另一种重要的思想引导和心理疏导方式。辅导员可以组织学生进行集体谈心活动，让学生自由发表意见和感受，分享彼此的心得体会。通过集体谈心，学生可以互相倾诉、交流，找到共鸣和支持，减轻心理压力，增强团队凝聚力和向心力。辅导员还可以通过心理咨询、心理辅导等方式，为学生提供更专业的心理疏导服务。他们可以借助心理学知识和技巧，帮助学生解决心理问题，调整情绪状态，提升心理健康水平。通过这些服务，学生可以更好地面对挑战和困扰，保持良好的心理状态，全身心投入到学习和生活中去。

（三）组织参观教育和社会实践活动

辅导员在推动学生参与参观教育和社会实践活动方面发挥着重要作用。这些活动包括参观革命纪念馆、社会主义核心价值观教育基地等，通过实地参观和体验，学生能够更加深刻地了解党的奋斗历程、社会主义建设成就，增强对党和国家的认同感和自豪感。组织学生参观革命纪念馆是一种重要的思想政治教育活动。革命纪念馆是展示党的奋斗历程、革命英雄事迹以及社会主义建设成就的重要场所。辅导员可以组织学生前往参观，通过观看展览、听取讲解，深入了解党的光辉历程和伟大成就，激发学生对党的信仰和对祖国的热爱。

组织学生参观社会主义核心价值观教育基地也是一种有效的思想政治教育形式。社会主义核心价值观教育基地是宣传和弘扬社会主义核心价值观的重要平台，通过参观和学习，学生能够更加深入地了解社会主义核心价值观的内涵和意义，增强其价值观念和道德修养。组织学生参与社会实践活动也是一种重要的思想政治教育形式。社会实践活动可以让学生走出校园，深入社会，了解社会现实，感受社会发展的脉搏。通过亲身经历，学生能够更加深刻地认识社会问题和挑战，增强社会责任感和使命感，树立正确的人生观和价值观。

（四）弘扬优秀传统文化和革命精神

辅导员在学生思想政治教育中扮演着重要角色，其中组织学生学习和传承优秀传统文化、弘扬革命精神是其重要职责之一。这些活动旨在让学生了解和感受中华优秀传统文化的博大精深，激发他们对国家和民族的热爱，培养他们的家国情怀和社会责任感。辅导员可以组织学生学习和传承优秀传统文化，如经典著作、诗词歌赋等。通过学习经典著作，如《论语》、《孟子》等，学生能够了解中国传统文化的核心价值观和道德规范，提升道德修养和人文素养。同时，通过学习诗词歌赋等传统文学作品，学生能够感受到中华民族的深厚文化底蕴，增强对中华文化的自豪感和认同感。

辅导员可以组织学生学习革命先烈的英勇事迹和崇高精神。革命先烈为国家和民族利益英勇奋斗，为中华民族的独立、解放和富强作出了巨大贡献，是中华民族的骄傲和楷模。通过学习他们的事迹和精神，学生能够感受到革命先烈的崇高品质和伟大精神，激励他们热爱祖国、报效国家，勇于担当、奋发向上。通过组织学生学习和传承优秀传统文化、弘扬革命精神，辅导员能够加强学生的思想政治教育，培养他们的爱国情怀和社会责任感。这不仅有利于学生个人的成长和发展，还有助于凝聚校园正能量，促进校园文化建设和精神文明建设，为社会主义事业培养更多有理想、有道德、有文化、有纪律的接班人。

五、提升高校教育质量

辅导员队伍建设对于提升高校教育质量至关重要。优秀的辅导员不仅在学生的个人发展上起到支持作用，还能与教师、家长等多方合作，共同推动教育教学工作的改进和创新，提高教育质量和水平。辅导员在与教师的合作中发挥着重要作用。他们可以与教师密切合作，了解学生的学习情况和问题，及时向教师反馈学生的心理状态和学习进展，为教师提供有针对性的建议和帮助。同时，辅导员还可以参与教学活动，担任学生辅导员、班主任等角色，与教师共同管理和指导学生，促进教育教学工作的顺利开展。

辅导员在与家长的合作中也发挥着重要作用。他们可以与家长保持密切联系，及时了解学生在家庭环境中的情况和问题，与家长共同探讨解决学生的成长和发展问题，形成学校、家庭、社会共同育人的良好局面。通过与家长的合作，辅导员能够更好地关注学生的全面发展，促进学生个性化成长，提升教育教学质量。辅导员还可以与其他教育管理部门和社会资源进行合作，共同推动教育教学工作的改进和创新。他们可以与学校教务处、学生工作处等部门合作，共同制定和实施教育发展规划，推进教学改革和课程建设。同时，辅导员还可以与社会各界建立联系，邀请行业专家、企业代表等来校开展讲座和实践活动，丰富学生的课外学习体验，提升教育教学的实效性和针对性。

第二节 高校辅导员队伍建设存在的问题

一、数量不足

高校辅导员数量不足是一个普遍存在的问题，这种不协调的比例影响了辅导员对学生的充分关注，从而影响了个性化指导和关怀的质量与效果。辅导员数量不足导致他们无法有效地覆盖每位学生。在人数过多的情况下，辅导员可能不得不分担过多的学生，这使得他们很难给予每位学生足够的关注和支持。因此，学生可能无法及时获得所需的个性化指导，尤其是在心理健康、职业规划等方面，缺乏足够的专业指导和支持。

数量不足可能导致辅导员工作负荷过重。面对大量学生的需求和问题，辅导员可能感到压力重重，难以有效地应对各种情况。这可能导致工作效率下降，甚至影响到辅导员的工作质量和健康。数量不足也可能导致辅导员在学生事务管理上的疏漏。学生在大学期间面临着各种问题和挑战，需要辅导员的及时指导和支持。然而，当辅导员数量不足时，他们可能无法及时发现和处理学生的问题，导致问题逐渐积累，影响学生的发展和成长。

针对辅导员数量不足的问题，高校可以采取一系列措施来加以解决。可以增加辅导员的招聘数量，以确保每位辅导员能够负责的学生数量在可控范围内。可以提高辅导员的工作效率，通过培训和技能提升，使其能够更有效地管理和指导学生。还可以采取一些创新措施，如引入智能化辅助工具，来提高辅导员的工作效率和覆盖范围。综合利用人力资源和技术手段，有助于解决辅导员数量不足的问题，提升学生个性化指导和关怀的质量。

二、专业素养不足

部分辅导员缺乏心理学、教育学等专业知识和培训，这影响了他们在心理健康教育、职业规划等方面的指导水平，给学生提供的服务与支持不够专业和有效。缺乏相关专业知识和培训意味着辅导员可能无法有效地应对学生的心理健康问题。心理健康在学生发展中占据重要地位，但如果辅导员缺乏相应的心理学知识，他们可能无法识别和处理学生的心理问题，甚至可能给予不当的指导，进而导致学生的问题加剧。缺乏教育学知识和培训可能影响辅导员在职业规划和生涯指导方面的能力。学生在大学期间面临着职业选择等重要问题，而辅导员应当具备帮助学生进行科学职业规划的能力。然而，如果缺乏相关知识和培训，辅导员可能无法为学生提供准确的职业建议和指导，影响学生未来的发展方向。

针对这一问题，高校可以采取多种措施来提升辅导员的专业素养。可以加强对辅导员的专业培训，包括心理健康教育、职业规划指导等方面的知识和技能培训，提高其专业水平和能力。可以建立专业指导团队，邀请心理学专家、职业规划顾问等专业人士，为辅导员提供指导和支持，共同为学生提供更加专业化的服务和支持。还可以建立辅导员间的学习交流机制，促进彼此之间的学习和成长，共同提升辅导员队伍的整体素质和能力水平。通过这些措施，可以有效提升辅导员的专业素养，更好地为学生的发展和成长提供支持和指导。

三、工作内容不清晰

辅导员工作内容不清晰是一个常见的问题，这可能导致辅导员在工作中缺乏明确的方向和目标，影响了工作效率和质量，也使得他们无法有效地支持学生的发展。缺乏清晰的工作职责和任务可能导致辅导员在工作中感到迷茫和无助。如果不清楚自己应该承担的工作内容和职责，辅导员可能无法有效地规划和安排工作，无法确定工作的优先级和重要性，导致工作效率低下，难以取得实质性的成效。

工作内容不清晰可能导致辅导员在工作中产生重复劳动或遗漏工作的情况。如果不清楚自己的工作职责，辅导员可能会在某些工作上花费过多的时间和精力，而在其他重要的工作上却忽视或遗漏，这样就无法有效地支持学生的全面发展。工作内容不清晰还可能导致辅导员与其他教职工之间的工作重叠或工作分工不明确。如果不清楚自己的工作职责，辅导员可能会与其他教职工产生工作上的冲突或重叠，造成资源的浪费和效率的降低，也可能导致学生在教育资源的分配上出现不公平现象。

解决这一问题需要高校明确规定辅导员的工作职责和任务，确保每位辅导员都清楚自己的工作范围和职责，并为其提供必要的培训和指导，以提升其工作能力和水平。同时，还需要建立健全的工作考核机制，对辅导员的工作进行定期评估和总结，及时发现和解决工作中存在的问题，提高工作的效率和质量。通过这些措施，可以有效解决辅导员工作内容不清晰的问题，提升其工作效率和支持学生发展的能力。

四、发展机会有限

辅导员的发展机会有限是一个普遍存在的问题，这对于辅导员的个人成长和职业发展构成了一定的阻碍。一些辅导员缺乏进修和培训的机会，无法及时更新知识、提升技能，从而影响了他们的专业素养和能力水平。缺乏发展机会可能导致辅导员的知识储备和技能水平无法跟上时代和行业的发展。高等教育领域不断发展变化，心理健康教育、职业规划等领域的理论和实践也在不断更新。如果辅导员缺乏进修和培训的机会，他们就无法及时了解最新的教育理论和方法，无法掌握新的技能和工具，这势必影响了他们的工作质量和效率。

缺乏发展机会可能导致辅导员的职业发展受到限制。辅导员作为高校中的一员，也应当有着自己的职业发展规划和目标。然而，如果缺乏发展机会，他们就无法提升自己的专业水平和能力，也就无法获得更好的职业发展机会，这可能会影响到他们的职业晋升和个人发展。缺乏发展机会还可能导致辅导员的工作积极性和工作满意度下降。如果辅导员感到自己的职业发展受到了限制，可能会对工作产生厌倦情绪，影响工作的积极性和主动性，甚至影响到工作的稳定性和质量。

针对这一问题，高校可以采取一系列措施来拓展辅导员的发展机会。可以加强对辅导员的培训和进修，为其提供学习和成长的机会，不断提升其专业水平和能力。可以建立健全的岗位晋升制度和评价机制，为优秀的辅导员提供更广阔的职业发展空间和机会。还可以加强对辅导员的关爱和支持，激发其工作的积极性和热情，提高工作的满意度和稳定性。通过这些措施，可以有效拓展辅导员的发展机会，促进其个人成长和职业发展。

五、薪酬待遇不公

薪酬待遇不公是高校辅导员队伍建设中的一个重要问题，一些辅导员的薪酬水平较低，与其他教职工相比存在明显的差距。这种不公平的待遇不仅不能体现辅导员的工作价值和贡献，也会直接影响到他们的工作积极性和稳定性。辅导员的工作价值和贡献往往被低估。辅导员作为高校中非常重要的一支力量，他们承担着指导学生、关心学生、促进学生成长的重要责任，直接影响到学生的个人发展和学校的整体发展。然而，由于一些高校对于辅导员的工作价值认知不足，导致他们的薪酬待遇不能够体现其工作的重要性和价值，这也造成了薪酬待遇不公的现象。

薪酬待遇不公可能导致辅导员的工作积极性和稳定性下降。薪酬待遇是人们从事工作的重要动力之一，合理的薪酬水平可以激发辅导员的工作热情和积极性，增强其对工作的认同感和责任感。然而，如果辅导员的薪酬水平明显低于其他教职工，就会导致其对工作的积极性和稳定性下降，甚至影响到工作的质量和效率。薪酬待遇不公还可能导致辅导员的流失和招聘难度增加。如果辅导员觉得自己的工作价值没有得到应有的认可和回报，就会考虑离职或者寻找其他更有吸引力的工作机会，这样就会造成辅导员队伍的不稳定性，增加了高校辅导员队伍建设的难度。

针对这一问题，高校应当加强对辅导员薪酬待遇的公正性监督，建立合理的薪酬制度和调整机制，确保辅导员的工作价值和贡献得到充分体现。同时，也需要加强对辅导员的关爱和支持，提高他们的工作满意度和归属感，从而增强其工作的积极性和稳定性，促进高校辅导员队伍的稳定发展。

六、缺乏团队合作

缺乏团队合作是高校辅导员队伍建设中的一大挑战。一些辅导员可能缺乏团队合作意识和精神，导致整个团队的工作难以协调和顺利开展，从而影响了工作的效率和质量。缺乏团队合作意识可能导致辅导员之间存在工作分散和重复劳动的情况。如果辅导员缺乏团队合作意识，他们可能会各自为战，单打独斗，导致工作分散，资源浪费，甚至出现工作重叠的情况，从而影响了整个团队的工作效率和质量。

缺乏团队合作精神可能导致团队内部沟通不畅和协作困难。团队合作需要团队成员之间的密切配合和有效沟通，但如果辅导员缺乏团队合作精神，就会导致团队内部沟通不畅，信息传递不及时，从而影响了工作的协调和顺利开展。缺乏团队合作精神还可能导致团队内部的紧张气氛和矛盾。如果团队成员之间缺乏信任和合作，就会容易产生误解和矛盾，进而影响了团队的凝聚力和向心力，最终影响了整个团队的工作效率和质量。

针对这一问题，高校可以采取一系列措施来促进辅导员团队的团结和合作。可以加强对辅导员团队的团队建设培训，提升其团队合作意识和精神。可以建立健全的团队管理机制，明确工作分工和责任，促进团队成员之间的密切配合和有效沟通。还可以加强对团队成员之间的交流和协作，建立良好的团队氛围和工作氛围，增强团队的凝聚力和向心力，最终提高团队的工作效率和质量。通过这些措施，可以有效解决辅导员团队缺乏团队合作的问题，促进高校辅导员队伍的健康发展。

第三节　高校辅导员队伍建设的发展趋势

一、专业化水平提升

随着高等教育的不断演进和学生群体的多样化，辅导员队伍必将更加注重专业化水平的提升。未来，辅导员的工作将不再局限于传统的学业指导和生活辅导，而是更加强调心理咨询、教育管理、职业规划等方面的专业知识和技能。这一发展趋势的关键在于，辅导员需要更深入地了解学生的个性化需求，以便更有效地促进他们的全面发展。心理咨询将成为辅导员工作的重要组成部分。随着社会压力的增加和心理健康问题的日益凸显，辅导员需要具备心理咨询的相关知识和技能，能够帮助学生解决学习、情感等方面的困扰，提升他们的心理健康水平。

教育管理将成为辅导员工作的重要内容。辅导员需要了解教育管理的基本理论和实践方法，能够协助学校管理团队开展各项教育管理工作，推动学生教育的整体提升。职业规划也将成为辅导员工作的重要方面。随着社会竞争的日益激烈，学生对于未来职业发展的关注度越来越高。辅导员需要具备职业规划的相关知识和技能，能够帮助学生了解自己的兴趣和能力，制定科学的职业规划，为未来的职业生涯打下坚实的基础。

二、团队合作与交流加强

团队合作与交流在现代社会中被赋予了前所未有的重要性。尤其在教育领域，加强辅导员团队的团结与合作已成为发展的必然趋势。团队合作不仅可以促进资源和经验的共享，还能够提高工作效率，更好地服务于学生的成长与发展。辅导员团队的协作不仅仅是简单的工作分工，更是一种相互支持、共同成长的过程。团队合作的重要性在于能够将个人的力量汇聚成整体的力量。在辅导员团队中，每个成员都具有独特的专长和经验，通过合作，可以将这些优势最大化地发挥出来。例如，某位辅导员擅长心理辅导，而另一位擅长职业规划，他们可以相互交流，共同制定出更全面、更有效的学生发展计划，从而更好地满足学生的需求。

团队合作还能够促进团队成员之间的沟通与协作。在一个团结的团队中，成员们更愿意分享彼此的想法和建议，从而形成更富有创造力和创新性的解决方案。辅导员团队的成员可以通过定期的会议、讨论和工作坊等形式，加强沟通，增进了解，建立起良好的工作关系，为学生提供更加全面和个性化的服务。团队合作还能够提高工作效率。当每个成员都清楚自己的责任和任务时，工作流程会更加顺畅，避免了重复劳动和资源浪费。团队合作可以将工作分解成不同的阶段和任务，让每个成员专注于自己擅长的领域，从而提高工作效率，节约时间和精力。

最重要的是，团队合作可以更好地服务于学生的成长与发展。当辅导员团队之间能够紧密合作时，他们可以更好地把握学生的需求，制定出更加个性化、针对性的辅导方案。团队合作可以让不同的辅导员共同关注一个学生的成长历程，从而形成一个全方位的支持网络，帮助学生克服困难，实现自身价值。

三、技术与创新应用

随着科技的快速发展，未来辅导员队伍的建设将更加注重技术与创新的应用。在数字化时代，互联网和智能化技术已经渗透到各个领域，教育也不例外。辅导员可以利用这些技术手段，提升服务水平和效率，更好地满足学生个性化需求。借助互联网和智能化技术开展在线心理咨询服务是未来辅导员工作的一大趋势。随着社会压力的增加，学生心理健康问题日益凸显。传统的面对面咨询方式受到了时间和地域的限制，而在线心理咨询可以突破这些限制，为学生提供更加便捷、随时随地的心理支持。辅导员可以通过视频会议、在线聊天等方式，与学生进行心理咨询和辅导，帮助他们及时解决心理问题，提升心理健康水平。

构建学生信息化管理系统是未来辅导员工作的另一项重要任务。传统的学生管理工作往往繁琐而容易出错，而信息化管理系统可以有效地整合和管理学生的信息，提高工作效率和准确性。通过学生信息化管理系统，辅导员可以及时了解学生的基本信息、学业情况和成长需求，为他们提供更加个性化和精准的服务。此外，信息化管理系统还可以为学生提供在线选课、课程评价等便利功能，提升学生的学习体验和满意度。

除此之外，未来辅导员队伍还可以借助其他创新技术，如人工智能、大数据分析等，开展更加精细化的服务。例如，利用人工智能技术分析学生的学习行为和习惯，及时发现学习问题并给予个性化的学习建议；利用大数据分析学生的学业表现和发展轨迹，预测潜在的学习风险并提供针对性的干预措施。这些创新技术的应用将为未来辅导员队伍带来更广阔的发展空间，提升其服务水平和影响力。

四、跨学科融合发展

未来辅导员队伍的发展将更加强调跨学科的融合。在当今复杂多变的社会环境下，学生所面临的挑战也日益多样化，要想更好地帮助他们成长与发展，单一学科的知识和能力显然已经不再足够。因此，跨学科融合成为了未来辅导员队伍发展的必然趋势。跨学科融合可以为辅导员提供更全面、更专业的服务。在学生发展过程中，涉及到的问题和需求通常不仅仅局限于某一学科范畴，而是涉及到教育、心理、职业规划等多个领域。辅导员如果只具备单一学科的知识和技能，很难全面理解和有效解决学生的问题。跨学科融合可以让辅导员们拥有更广泛的视野和更深入的理解，从而为学生提供更全面、更专业的服务。

跨学科融合可以促进不同专业人士之间的合作与共享。在学生发展过程中，可能涉及到多个领域的专业知识和技能。辅导员需要与教师、心理学家、职业规划师等专业人士进行合作，共同制定出更有效的学生发展方案。通过跨学科合作，不同专业人士可以共享资源和经验，相互借鉴，形成合力，为学生提供更好的支持和指导。跨学科融合还可以促进知识的创新与跨界交流。不同学科之间往往存在着相互借鉴、相互渗透的可能性，跨学科融合可以为知识的创新和发展提供新的思路和方法。辅导员可以从其他学科中汲取灵感和启示，将其运用到自己的工作中，从而创造出更加符合实际需求的解决方案。同时，跨学科融合也可以促进学科之间的跨界交流与合作，推动学科发展的融合与协同。

五、国际化视野拓展

在当今教育领域，国际化视野的拓展已成为辅导员队伍建设中的重要方向。教育国际化的趋势日益明显，这要求辅导员不仅具备跨文化交流能力，更需深谙国际教育理念。面对这一挑战，辅导员需要积极参与国际交流与合作，以借鉴和吸收国际先进经验，从而提升服务水平和质量。在未来，辅导员的国际化视野拓展将成为不可或缺的一环。随着全球化的深入发展，跨文化交流能力成为辅导员必备的核心素养之一。在面对来自不同国家、不同文化背景的学生时，辅导员需要能够理解并尊重其文化差异，从而更好地开展工作。跨文化交流能力不仅仅是语言沟通的能力，更包括对文化差异的敏感度和应对能力。只有具备了这样的能力，辅导员才能真正发挥其作用，为学生提供更加贴心、个性化的服务。

国际教育理念强调培养学生的全球意识、跨文化理解能力和国际竞争力，这与传统教育理念有着明显的区别。辅导员需要不断学习和掌握国际教育理念，将其融入到自己的工作实践中。只有与时俱进，不断更新自己的理念和观念，辅导员才能更好地适应教育国际化的潮流。除了加强个人能力的提升，积极参与国际交流与合作也是辅导员国际化视野拓展的重要途径。通过参与国际会议、交流项目或合作研究，辅导员可以结识来自世界各地的同行，了解不同国家、不同地区的教育现状和发展趋势。同时，这也为辅导员提供了一个学习和交流的平台，促进其个人成长和职业发展。

在国际化视野的拓展过程中，借鉴和吸收国际先进经验是至关重要的。世界各国在教育领域都有着丰富的经验和成功的做法，辅导员可以通过学习和借鉴这些经验，为自己的工作提供新的思路和方法。与此同时，辅导员也应该保持开放的心态，不断反思和调整自己的工作方式，以适应不断变化的国际教育环境。

六、终身学习与发展

在教育领域，终身学习与发展已成为未来辅导员队伍建设中的重要议题。随着社会、科技和文化的不断演变，教育环境和学生需求也在不断变化，这要求辅导员必须具备持续学习的意识和能力。只有通过不断更新知识、提升技能，才能保持专业竞争力，实现自身的持续发展和进步。因此，终身学习与发展已成为现代辅导员不可或缺的重要素养之一。未来，辅导员队伍将更加重视终身学习与发展。在日新月异的社会背景下，教育环境和学生需求的变化势必带来对辅导员工作的新挑战。因此，辅导员需要时刻保持学习的心态，不断更新自己的知识和技能，以应对这些挑战。终身学习不仅是一种习惯，更是一种责任，只有不断学习，才能不断进步。

在终身学习与发展的过程中，辅导员需要注重多种形式的学习方式。除了参加培训课程和学术会议，还可以通过阅读专业书籍、参与在线学习课程、进行自主研究等方式来扩展自己的知识领域。同时，辅导员还可以通过与同行的交流和合作，共同探讨问题、分享经验，从而促进自己的成长和发展。终身学习与发展也需要辅导员具备自我反思和自我调整的能力。在日常工作中，辅导员需要不断审视自己的工作表现，发现问题并及时加以改进。通过不断反思和调整，辅导员可以不断提高自己的工作效率和水平，实现个人的持续发展和进步。

终身学习与发展还需要辅导员注重跨学科知识和技能的积累。随着教育领域的不断发展，辅导员需要具备跨学科的知识和技能，才能更好地适应教育工作的需求。因此，辅导员应该不断拓展自己的知识领域，学习与自己专业相关的其他学科知识，从而更加全面地理解和应对教育工作中的挑战。

第二章 高校辅导员队伍建设的理论基础

第一节 辅导员队伍建设的理论框架

一、理论基础的确立

（一）教育理论

在高校教育体系中，辅导员扮演着至关重要的角色，其职责不仅仅局限于学业指导，更包括对学生全面发展的关注和支持。教育理论为构建高校辅导员队伍建设的理论基础提供了重要支撑。从教育学的角度来看，辅导员作为教育工作者，应当承担着促进学生全面发展的责任。而心理学理论则为辅导员提供了更深层次的理解，指导他们更好地理解学生的心理状态和需求。这种结合，不仅使得辅导员能够更加全面地认识自身在教育体系中的定位，也有助于他们更科学地指导学生，推动其健康成长。

在教育学的范畴中，辅导员被视为学生发展过程中的重要导师和支持者。他们不仅要关注学生的学业进步，还应关注其身心健康、个性特点等方面的发展。借助教育学的理论，辅导员可以更好地理解学生在学习和生活中遇到的问题，针对性地提供帮助和支持，促进学生全面成长。

心理学理论的运用也是辅导员工作中不可或缺的一部分。通过心理学的相关知识，辅导员可以更深入地了解学生的心理活动和行为表现背后的原因。这种深入理解不仅有助于发现学生潜在的心理问题，还可以为辅导员提供更科学的心理辅导方法和技巧。因此，结合心理学理论进行辅导员队伍建设，可以提高其在学生心理健康方面的专业水平，更好地发挥其作用。

（二）发展心理学理论

发展心理学作为心理学的一个重要分支，致力于探讨个体在生命周期内的成长发展规律。这些规律包括生理、心理、社会等多个方面，对辅导员提供了重要的心理辅导理论指导。在个体成长的过程中，发展心理学揭示了一系列的发展阶段和关键期，辅导员可以借此了解学生所处的心理发展阶段，有针对性地开展心理辅导工作。

个体成长发展规律的研究使得辅导员能够更好地理解学生的行为和情感反应。根据不同年龄段的特点，辅导员可以采取相应的心理辅导方法，促进学生的心理健康发展。例如，在青少年期，学生通常面临身份认同、自我价值感等方面的困惑，辅导员可以通过启发式的问题引导和自我探索活动，帮助他们建立积极的自我认同。

发展心理学理论还强调了环境对个体发展的重要影响。辅导员在开展心理辅导工作时，需要考虑学生所处的环境因素，包括家庭、同学、社会等方面的影响。通过了解学生的家庭背景和社会环境，辅导员可以更好地把握学生的心理状态，制定更切实可行的心理辅导方案。

更进一步地，发展心理学理论还强调了个体发展的多样性和可塑性。辅导员应该认识到每个学生都是独一无二的个体，其发展轨迹和需求可能存在差异。因此，在心理辅导过程中，辅导员需要根据学生的个体特点，灵活调整心理辅导策略，以达到最佳的辅导效果。

（三）社会学理论

在辅导员开展个性化辅导工作时，社会学理论提供了重要的指导和支持。社会学研究社会结构、社会关系以及社会变迁等方面的规律，帮助辅导员更好地理解学生群体所处的社会环境，从而更有效地开展个性化辅导工作。通过深入探讨社会环境对个体的影响，辅导员可以更全面地了解学生的背景和特点，有针对性地制定辅导方案，促进学生的健康成长。

在社会学理论的指导下，辅导员可以更深入地了解学生所处的社会环境。社会环境包括家庭、学校、社会组织等多个方面，对个体的发展和行为产生着重要影响。通过研究社会环境的特点和变化趋势，辅导员可以更好地把握学生的生活背景和社会关系，为其提供更贴近实际的辅导服务。社会学理论还帮助辅导员更好地理解学生群体的特点和需求。不同社会群体之间存在着差异，包括文化、价值观念、行为习惯等方面的差异。辅导员需要根据学生群体的特点，灵活调整辅导策略，以满足不同学生的需求。通过深入了解社会学理论，辅导员可以更好地应对学生群体的多样性和复杂性，实现个性化辅导工作的有效开展。

社会学理论还为辅导员提供了促进社会关系和组织发展的理论指导。辅导员不仅需要关注个体的发展，还应关注社会关系的建立和维护。通过促进学生之间的交流与合作，营造良好的社会氛围，辅导员可以更好地帮助学生解决问题，促进其全面发展。

二、职业素养培养的理论

（一）职业道德理论

在辅导员职业道德理论中，强调了操守和道德规范的重要性，为构建符合职业特性的伦理观念提供了基础。辅导员作为教育领域中的重要角色，其职业道德的遵守直接关系到学生的成长与发展，教育事业的健康发展，以及社会的和谐稳定。因此，对辅导员的职业道德进行深入的理论探讨具有重要的现实意义。

在辅导员职业道德理论中，首先需要关注的是其职业操守。辅导员在日常工作中需要具备高度的责任心和使命感，以确保对学生的教育工作能够得到有效的开展。这就要求辅导员始终坚守职业操守，不偏离教育的初心，不被外部利益所左右，保持良好的工作状态和敬业精神。只有这样，辅导员才能够真正地履行好自己的职业职责，为学生的全面发展提供有力的支持。

辅导员职业道德理论还强调了道德规范的制定和遵守。作为教育工作者，辅导员需要不断提升自身的道德修养，树立正确的人生观、价值观和行为准则。这不仅包括在教育实践中秉持公正、公平、公开的原则，保持与学生之间的良好互动和沟通，还包括在面对各种诱惑和挑战时能够坚守底线，不为私利所诱惑，不做违背职业伦理的事情。只有树立正确的道德观念，并将其内化为自己的行为准则，辅导员才能够在教育实践中起到良好的示范作用，为学生树立正确的榜样。

（二）专业技能理论

辅导员作为学校教育管理团队中的重要一员，需要具备多方面的专业技能来有效地开展工作。其中，心理咨询技能是至关重要的一项。在日常工作中，辅导员需要能够识别学生的心理问题，并提供相应的咨询和支持。通过专业的心理咨询技能，辅导员可以帮助学生解决情绪问题、人际关系困扰以及学业压力等方面的困难，从而提升他们的学习和生活质量。而要做到这一点，辅导员需要具备一定的心理学知识，并能够运用各种咨询技巧，如倾听、同理和引导，与学生建立起信任和共鸣，引导他们积极面对问题，找到解决之道。

良好的沟通是解决学生问题、促进学校教育管理的关键。辅导员需要能够与学生、家长以及其他教育管理人员进行有效的沟通，理解他们的需求和关切，并能够清晰地表达自己的观点和建议。在与学生的沟通中，辅导员需要采取开放式、倾听式的沟通方式，给予学生足够的尊重和关注，从而建立起良好的师生关系，为学生提供更加有针对性的帮助和指导。

作为学校管理团队的一员，辅导员需要与其他教育管理人员密切合作，共同推动学校教育事业的发展。通过团队建设，辅导员可以促进团队成员之间的合作与协作，充分发挥每个人的优势，共同完成学校教育管理的各项任务。在团队建设过程中，辅导员需要具备组织能力、领导能力以及良好的团队协作意识，通过有效的沟通和协调，推动团队目标的实现，为学校的发展贡献力量。

三、学科建构的理论

（一）辅导学理论

辅导学理论是一门关注辅导活动本质、原则和方法的学科，其目的在于为高校环境下的学生提供有效的辅导服务。辅导活动作为教育过程中的重要组成部分，其理论框架的建构至关重要。辅导学理论的本质在于深入理解学生的需求与问题，通过有效的方法和原则，引导他们实现自我成长和发展。从本质上看，辅导学理论关注的是学生的整体发展。这意味着不仅要关注他们的学业成绩，更要关注他们的心理健康、社交能力以及个人发展。辅导活动不仅是传授知识，更是培养学生的综合素养和能力。

辅导学理论的核心原则之一是个性化。每个学生都是独一无二的个体，其需求和问题各不相同。因此，辅导活动应当根据学生的个性特点和需求制定个性化的辅导方案，以最大程度地满足其需求。另一个重要原则是互动性。辅导不是单向的知识传授，而是师生之间的互动过程。通过与学生的交流和互动，辅导员能够更好地理解学生的问题，并给予针对性的指导和建议。

辅导学理论还强调实践性。理论只有通过实践才能得以验证和完善。因此，辅导活动应当注重实践操作，让学生在实际操作中学习和成长。在方法上，辅导学理论倡导多元化。不同的学生可能适合不同的辅导方法，因此辅导员需要灵活运用各种方法，以满足学生的多样化需求。辅导学理论强调持续性。辅导活动不是一劳永逸的，而是需要持续的关注和支持。辅导员应当与学生建立长期稳定的关系，持续关注他们的成长与发展。

（二）学生发展理论

学生发展理论是指导辅导员实施针对性辅导工作的重要理论基础。通过了解学生成长的阶段性特点和发展需求，辅导员能够更好地理解学生，有针对性地提供支持和指导，促进他们全面成长。每个学生都经历着不同的发展阶段，而学生发展理论就是对这些阶段性特点和发展需求进行深入研究和理解。首先，我们要认识到学生的发展是一个持续的过程，而不是静止不变的状态。因此，辅导员需要具备这种认识，并不断调整自己的辅导方式和方法。

学生发展理论的一个重要观点是发展是渐进的。学生的发展不是一蹴而就的，而是一个逐步积累的过程。辅导员需要在这个过程中耐心引导学生，帮助他们逐步克服困难，实现自我成长。学生发展理论还强调了发展的多样性。不同的学生在发展过程中可能呈现出不同的特点和需求，因此辅导员需要根据学生的个体差异，灵活调整辅导策略，以最大程度地促进他们的发展。

另一个重要观点是发展是受环境影响的。学生的发展受到诸多因素的影响，包括家庭环境、社会环境以及学习环境等。辅导员需要了解学生所处的环境情况，帮助他们应对各种挑战，促进他们健康发展。学生发展理论还强调了自我认同的重要性。在成长过程中，学生需要逐渐建立起自己的自我认同，包括对自己的认知、情感和社会角色的认同。辅导员可以通过与学生的交流和互动，帮助他们建立积极的自我认同，增强自信心。

四、组织管理的理论

(一) 领导学理论

领导学理论是一门研究领导与管理原则和技巧的学科,其目的在于帮助领导者在组织中发挥更有效的作用。领导不同于管理,它更强调影响、激励和引导成员,使他们共同追求组织的共同目标。因此,领导学理论的研究对于提升辅导员在高校组织中的领导能力至关重要。领导学理论强调了领导者的影响力。领导者不仅是组织中的管理者,更是组织的引领者和榜样。他们的言行举止以及价值观念会对组织成员产生深远的影响,因此领导者需要具备良好的道德品质和领导能力,以有效地影响和激励成员。

领导者需要根据组织的特点和环境的变化,灵活调整自己的领导方式和方法。在高校环境中,辅导员需要不断适应学生的需求和变化,灵活运用不同的领导技巧,以实现组织目标。另一个重要观点是领导者需要具备有效的沟通技巧。沟通是领导者与成员之间交流和理解的桥梁,良好的沟通能够促进团队合作和凝聚力。辅导员应当注重与学生的沟通,倾听他们的需求和意见,建立起良好的信任关系。

领导学理论还强调了团队建设的重要性。领导者需要善于团队合作,激发团队成员的工作热情和创造力,实现组织的共同目标。辅导员应当通过团队建设活动和培训,促进学生之间的合作和交流,提升团队凝聚力。领导学理论强调了自我成长和学习的重要性。领导者需要不断学习和提升自己的领导能力,适应不断变化的环境和挑战。辅导员应当注重自身的专业发展和学习,不断提升自己的领导能力和水平。

(二) 团队建设理论

团队建设理论是研究团队形成、发展和管理规律的重要理论体系,它为高校辅导员团队的建设提供了理论支持和指导。团队在高校辅导员工作中扮演着至关重要的角色,团队建设理论的应用能够促进辅导员团队的有效运作和成长。团队建设理论强调了团队形成的阶段性特点。团队的形成并非一蹴而就,而是经历着一系列阶段,包括明确目标、建立信任、分工合作等。辅导员团队需要认识到这一规律,有针对性地开展团队建设活动,促进团队成员之间的互信和合作。

团队建设理论关注了团队发展的动力源。团队的发展需要良好的组织氛围和有效的沟通机制。辅导员团队应当通过建立良好的团队文化和激励机制，激发团队成员的工作热情和创造力，推动团队不断向前发展。另一个重要观点是团队建设理论强调了领导者的作用。领导者是团队建设的关键推动者和组织者，他们需要具备良好的领导能力和团队管理技巧，有效地协调团队成员之间的关系，推动团队向着共同目标前进。

团队建设理论还强调了团队成员之间的协作与信任。团队成员需要相互合作、相互信任，共同克服困难，实现团队的共同目标。辅导员团队应当通过团队建设活动和培训，增强团队成员之间的凝聚力和信任度，提升团队的工作效率和绩效水平。团队建设理论强调了团队的动态管理。团队的管理需要根据团队的发展阶段和成员之间的关系动态调整，及时解决团队中出现的问题和矛盾，保持团队的稳定和和谐。辅导员团队应当注重团队的动态管理，不断改进工作机制，提升团队的适应能力和竞争力。

五、跨学科融合的理论

（一）综合性理论

融合教育学、心理学、社会学等多个学科的理论，构建起综合性的辅导员队伍建设理论框架，是为了更全面地理解和应对学生的需求与问题，以更有效地提供辅导服务，促进学生的全面成长和发展。教育学为我们提供了关于教育过程和方法的重要理论基础。通过教育学的视角，我们能够深入探讨学生的学习特点和学习需求，了解教育的目标和方法，从而指导辅导员在教育实践中更加有效地开展工作。

心理学的理论则帮助我们更好地理解学生的心理状态和行为特点。心理学研究了人类的认知、情感、行为等方面的规律，这些知识对于辅导员了解学生的心理需求、解决学生的心理问题具有重要指导意义。社会学则关注人类在社会环境中的行为和互动规律。通过社会学的研究，我们能够更好地理解学生在社会环境中的成长和发展过程，把握社会对学生的影响，从而更好地指导学生的行为和发展。

将这些学科的理论相互融合，构建起综合性的辅导员队伍建设理论框架，可以帮助我们全面把握学生的需求和问题。在这一框架下，辅导员不仅需要关注学生的学业发展，更要关注他们的心理健康和社会适应能力，从而提供更全面、个性化的辅导服务。综合性的辅导员队伍建设理论框架强调个性化、综合性和实践性。个性化意味着针对每个学生的不同需求和问题制定个性化的辅导方案；综合性意味着兼顾教育学、心理学、社会学等多个学科的理论，构建起一个更加完整的理论体系；实践性则是理论指导实践，通过实践不断验证和完善理论框架，使之更贴近实际工作需要。

（二）跨文化理论

跨文化理论是指考虑不同文化背景下学生的特点和需求，为辅导员跨文化辅导工作提供理论指导的一种理论框架。在当今全球化的背景下，不同文化背景的学生在高校中的比例日益增加，辅导员需要具备跨文化辅导的能力，以更好地满足多元化的学生需求。跨文化理论强调了文化差异的存在。不同的文化背景会影响学生的行为、价值观和认知方式。因此，辅导员需要了解不同文化背景下学生的特点和需求，以更好地进行跨文化辅导工作。跨文化理论注重尊重和包容。在进行跨文化辅导时，辅导员应当尊重学生的文化背景和习惯，不将自己的文化标准强加给学生，而是与学生共同探讨、理解彼此的文化差异，促进文化之间的交流和融合。

一个重要观点是跨文化理论强调了跨文化沟通的重要性。辅导员需要具备良好的跨文化沟通能力，能够理解并适应不同文化背景下学生的沟通方式和习惯，有效地与他们进行交流和互动，建立起良好的信任关系。跨文化理论还强调了文化敏感性。辅导员需要敏锐地感知文化差异带来的影响，及时调整自己的辅导策略和方法，以最大程度地满足学生的需求，提供个性化的跨文化辅导服务。跨文化理论强调了跨文化培训的重要性。为了提升辅导员的跨文化辅导能力，高校应当加强跨文化培训，提供相关的理论知识和实践技能培训，使辅导员能够更好地应对不同文化背景下的学生需求。

第二节 辅导员队伍建设的指导思想

一、多元化思想

辅导员队伍建设需要充分考虑到学生的多元化需求和背景。这包括不同专业、不同年级、不同文化背景以及不同性别、性取向等方面的多样性。辅导员应该具备开放的心态，以应对来自不同学生群体的需求，确保辅导服务的包容性和有效性。

（一）认识多元化的学生需求

辅导员在面对学生群体时，应认识到其多元化的特点。这种多元化涵盖了不同专业、年级、文化背景和性别等方面的差异。这种意识对于提供个性化的辅导服务至关重要。因此，辅导员需要通过深入了解学生的不同需求和背景，以更好地应对并满足他们的需要。不同专业的学生可能面临着不同的学习压力和职业发展问题。例如，工科类学生可能更加注重实践技能的培养和应用，而文科类学生则可能更加关注理论知识的学习和思维能力的培养。辅导员需要针对不同专业的学生群体，提供相应的学习策略和职业规划指导，以帮助他们更好地实现自身的发展目标。

不同年级的学生可能具有不同的学业规划和生涯追求。大一新生可能对未来的发展方向还不够明确，而大四学生则可能面临着毕业就业的压力和选择的困惑。辅导员需要根据学生所处的不同年级，提供针对性的学业规划和生涯规划指导，帮助他们制定合适的发展路径，并在关键时刻给予必要的支持和鼓励。不同文化背景的学生可能具有不同的价值观念和行为习惯。国际学生可能面临着跨文化适应的挑战，需要适应新的学习和生活环境，而本地学生则可能更加熟悉和适应当地的文化和生活方式。辅导员需要对不同文化背景的学生提供跨文化辅导服务，帮助他们克服文化冲突和适应困难，实现个人和学业的成功。

不同性别或性取向的学生可能面临着不同的社会压力和心理困扰。对辅导员需要采取开放包容的态度，为这些学生提供安全的交流空间和专业的心理支持，帮助他们解决困扰和问题，实现身心健康的全面发展。

（二）包容性辅导服务

在提供辅导服务时，包容性至关重要。辅导员应该以开放的心态对待每一个学生，不因其不同的背景而产生偏见或歧视。相反，辅导员应该尊重每个学生的个性和特点，以确保每个人都能获得平等的关注和支持。包容性辅导服务意味着接纳多样性。辅导员需要认识到学生群体的多样性，包括不同的文化背景、宗教信仰、性取向、身体特点等。在这种多样性中，辅导员应该看到每个学生的独特之处，并以尊重和理解的态度对待他们。

包容性辅导服务需要辅导员摒弃偏见和歧视。辅导员应该意识到自己可能存在的偏见和成见，并努力避免在工作中表现出来。无论学生的背景如何，辅导员都应该给予他们同样的关注和尊重，不因其文化、性别、性取向或其他因素而对其产生歧视。包容性辅导服务强调了个性化关怀。每个学生都有自己的需求和困扰，辅导员应该倾听他们的声音，理解他们的困难，并尽力提供个性化的支持和指导。这意味着辅导员需要灵活运用不同的辅导方法和技巧，以满足每个学生的需求。

包容性辅导服务还要求辅导员提供安全的环境和支持。学生应该感到他们可以在辅导员的帮助下自由地表达自己，分享他们的困扰和问题，而不必担心被歧视或不被接纳。辅导员应该建立起一种亲近和信任的关系，让学生感到他们的声音被听到和尊重。包容性辅导服务需要辅导员不断反思和改进。辅导员应该定期审视自己的工作方式和态度，检查是否存在歧视或偏见的迹象，并采取积极的措施加以改进。只有不断提升自我意识和敏感度，辅导员才能真正做到包容性辅导服务的实践。

（三）个性化辅导策略

面对多元化的学生群体，辅导员需要采用个性化的辅导策略。这包括了解学生的个体差异，针对不同学生的需求和问题制定个性化的辅导方案。例如，对于来自不同文化背景的学生，辅导员可以采取跨文化辅导的方式，帮助他们更好地适应新的环境；对于性别或性取向不同的学生，辅导员可以提供针对性的性别教育或性别平等的辅导服务。

（四）促进交流和理解

在面对多元化的学生群体时，辅导员需要制定个性化的辅导策略，以满足每个学生的独特需求和问题。这种个性化辅导策略应该根据学生的个体差异和背景特点来设计，以确保辅导服务的有效性和针对性。辅导员需要深入了解学生的个体差异。这包括了解他们的学习风格、性格特点、兴趣爱好、家庭背景等方面的信息。通过与学生的沟通和交流，辅导员可以更全面地了解每个学生的情况，为个性化辅导策略的制定提供基础和依据。

针对不同学生的需求和问题，辅导员应该制定个性化的辅导方案。例如，对于来自不同文化背景的学生，辅导员可以采取跨文化辅导的方式，帮助他们更好地适应新的学习和生活环境。这可能包括提供文化适应培训、开展跨文化交流活动等，帮助学生克服文化冲突和交流障碍。对于性别或性取向不同的学生，辅导员可以提供针对性的性别教育或性别平等的辅导服务。这可以通过开展性别意识培训、提供性别平等教育资源等方式来实现，帮助学生建立健康的性别观念，增强性别平等意识，预防性别歧视和暴力行为的发生。

针对不同学科背景和学习需求的学生，辅导员可以提供专业化的学习支持和指导。例如，对于理工科学生，辅导员可以提供数理化等学科的辅导服务，帮助他们解决学习中的难题和困扰；对于文科学生，辅导员可以提供写作指导、文献检索等方面的帮助，提升他们的学术水平和写作能力。辅导员还可以根据学生的个性特点和发展需求，提供心理辅导、生涯规划等方面的个性化服务，帮助学生解决心理问题、探索职业发展方向等。

二、人本主义思想

辅导员队伍建设应以人为本，关注学生的个体发展和全面成长。这意味着辅导员需要将学生的需求和利益置于首位，通过关怀、支持和指导，促进学生的心理健康、学业成长和社会适应能力的提升。

（一）关注个体发展

辅导员队伍建设的核心理念之一是关注个体发展。这体现了人本主义思想，将学生置于教育活动的中心位置，将学生的个体发展视为最重要的目标。在辅导员队伍建设中，应该以学生的需求和利益为出发点和归宿，关注每个学生的个体差异和发展潜力，帮助他们实现自我价值的最大化。个体发展是一项持续而综合的过程。辅导员在关注个体发展时，首先应该认识到每个学生都是独一无二的，具有自己的特点、潜力和需求。这种认识要求辅导员以开放的心态面对每个学生，不将他们简单地归类或标签化，而是尊重其个体差异，关注其独特的发展路径。

在辅导员队伍建设中，关注个体发展意味着将学生的需求和利益置于首位。辅导员应该以学生为中心，关注他们的成长和发展，倾听他们的声音，了解他们的期待和困惑，以此为基础制定相应的辅导计划和服务方案。关注个体发展也要求辅导员充分认识到每个学生的发展潜力。辅导员应该帮助学生发现自己的优势和特长，引导他们充分发挥潜力，实现自我价值的最大化。这可能涉及到对学生的个性化指导和资源支持，以及提供适当的挑战和机会，促进其全面发展。关注个体发展也意味着辅导员要关注学生的心理健康和情感需求。在面对学习压力、人际关系问题或情绪困扰时，辅导员应该给予学生必要的情感支持和心理疏导，帮助他们建立积极的心态和应对困难的能力。

（二）心理健康促进

人本主义思想强调每个人都有追求幸福和健康的权利，这意味着辅导员在教育工作中应该特别重视学生的心理健康。在当今社会，学生面临着日益复杂的学习和生活压力，因此辅导员队伍的建设必须着眼于提供专业的心理支持和咨询服务。通过这样的服务，我们能够帮助学生解决各种心理问题，从而增强他们的心理韧性，并提升整体的心理健康水平。心理健康问题已经成为当代社会的一大关注焦点。在学生群体中，这种问题尤为突出。面对学业压力、人际关系、未来规划等各种挑战，许多学生常常感到无助和焦虑。而这种心理负担不仅影响着他们的学习和生活质量，也可能导致严重的心理健康问题。因此，提供专业的心理支持和咨询服务显得尤为迫切和必要。

辅导员在心理健康促进工作中扮演着至关重要的角色。首先，他们应该具备一定的心理学知识和咨询技巧，能够准确地识别学生的心理问题，并给予及时有效的帮助。其次，辅导员需要具备高度的责任心和同理心，能够真正倾听学生的心声，理解他们的困惑和痛苦。同时，他们还应该保持适当的专业距离，确保咨询过程的客观性和保密性。除了个别咨询服务之外，辅导员还应该积极开展心理健康教育和宣传工作。通过举办讲座、座谈会、心理健康知识竞赛等活动，向学生普及心理健康知识，提高他们的心理健康意识和应对能力。同时，辅导员还可以建立心理健康档案，定期对学生进行心理评估，及时发现和干预潜在的心理问题。

辅导员还应该加强与其他相关部门的合作，形成多方合力，共同促进学生的心理健康。学校可以建立心理健康服务中心，集中资源，提供更加专业化、系统化的心理健康服务。同时，可以邀请心理学专家来校开展培训和指导，提升辅导员的专业水平和服务质量。

（三）学业成长支持

辅导员队伍在学生的学业成长方面扮演着至关重要的角色。他们不仅是学生学习和生活的引导者，更是学术道路上的向导和支持者。为了帮助学生实现学业目标的全面发展，辅导员应该提供全方位的支持，包括学习技巧指导、学科知识辅导、学术规划建议等。学习技巧指导是学业成长支持的重要组成部分。每个学生都有自己的学习风格和习惯，但并非所有学习方法都适合所有人。辅导员可以通过个性化的指导，帮助学生发现适合自己的学习技巧，提高学习效率和成绩。这可能包括时间管理、记忆技巧、阅读方法等方面的指导，让学生在学习过程中更加游刃有余。

除了学习技巧，学科知识辅导也是学业成长支持的重要环节。在学习过程中，学生常常会遇到各种各样的学科问题和困惑。辅导员可以利用自己的专业知识和经验，为学生提供针对性的学科辅导，帮助他们理解和掌握知识点，提高学习成绩。这种一对一或小组辅导的方式，能够更加有针对性地解决学生的学科问题，提升他们的学术水平。辅导员可以帮助学生制定长期和短期的学术规划，明确学习目标和路径。通过对学生的兴趣、能力和目标进行分析，辅导员可以为他们提供个性化的学术建议，包括选课规划、课外活动安排、实习就业指导等方面的建议，帮助他们更好地规划未来的学业和职业发展。

（四）社会适应能力培养

在辅导员队伍建设中，应该特别重视学生的社会适应能力培养。这是一项至关重要的任务，因为学生除了学术上的发展，还需要具备良好的人际关系和社会交往能力，才能更好地适应社会环境，实现自己的人生目标。社会适应能力培养的一个重要途径是通过开展各种社交活动。辅导员可以组织丰富多彩的社交活动，如社团活动、文化节、志愿者服务等，为学生提供一个与他人交流互动的平台。通过参与这些活动，学生能够结识不同背景和兴趣爱好的人，拓展自己的人际圈子，提高社交技能，增强与他人沟通合作的能力。

除了社交活动，实践实习也是培养学生社会适应能力的重要手段。辅导员可以组织学生参与各种实践实习项目，让他们在真实的社会环境中学习和工作。通过实践实习，学生不仅可以将课堂所学知识应用到实际工作中，还能够接触到不同行业和职业的人士，了解社会的运作机制，培养解决问题和应对挑战的能力。此外，辅导员还可以提供职业规划指导，帮助学生更好地规划自己的未来发展。通过了解学生的兴趣、能力和价值观，辅导员可以为他们提供个性化的职业建议和就业指导，帮助他们选择适合自己的职业道路，为未来的就业和生活做好充分准备。

（五）关怀与支持

人本主义思想所强调的关怀与支持在辅导员队伍的建设中具有至关重要的意义。

辅导员应该努力建立起与学生之间的信任和亲近关系，通过耐心倾听、温暖肯定和必要支持，为学生提供精神上的慰藉和实质性的帮助，使他们能够更好地应对生活中的挑战和困难。在辅导员与学生之间建立信任和亲近关系的过程中，耐心倾听是至关重要的。辅导员应该为学生提供一个开放、包容的交流平台，倾听他们的诉求、困扰和烦恼。通过认真倾听学生的心声，辅导员可以更好地了解他们的需求和问题，为他们提供更加针对性的支持和帮助。

除了倾听，温暖的肯定和鼓励也是辅导员支持学生的重要方式。面对学习和生活中的困难和挑战，学生常常感到迷茫和沮丧。在这样的时刻，一句简单的鼓励和肯定就能够给他们带来巨大的力量和信心，让他们坚定前行的步伐，克服困难，勇往直前。同时，辅导员还应该给予学生必要的支持和帮助。这种支持不仅包括精神上的鼓励，更包括实质性的帮助和指导。无论是学习上的困难、生活中的挑战，还是情感上的问题，辅导员都应该站在学生的角度出发，尽力为他们排忧解难，提供帮助和支持。

（六）个人发展全面性

在辅导员队伍的建设中，应该秉持人本主义思想，认识到个人的发展是全面的、多方面的。这种全面性包括智力、情感、社会和道德等多个方面。辅导员应该注重培养学生的多方面能力和素质，帮助他们实现个人发展的全面性，成为全面发展的人才。这一目标既符合人本主义思想的理念，也是当代教育的重要使命之一。辅导员应该通过丰富多彩的教学方法和资源，激发学生的学习兴趣，培养他们的创新思维和问题解决能力。此外，也应该注重学科知识的传授和掌握，使学生在各个领域都能够具备扎实的知识基础，为未来的发展打下坚实的基础。

辅导员应该通过情感教育和社会实践活动，帮助学生建立良好的人际关系和团队合作意识。这不仅包括与同学、老师之间的相处，还包括与社会各界人士的交往和沟通。通过这样的活动，学生能够学会倾听、尊重他人，培养自己的领导能力和团队协作精神。辅导员还应该注重学生的道德和品德素养的培养。在现代社会，良好的道德品质和价值观尤为重要。辅导员可以通过教育和榜样示范，引导学生树立正确的人生观和价值观，培养他们的责任感、正义感和公民意识，使他们成为社会上的有益之才。

（七）以学生为中心

辅导员的工作应该以学生为中心，服务于学生的发展和成长，这是我们的使命所在。辅导员队伍应该紧密关注学生的需求和利益，从他们的角度出发，制定工作计划和服务方案，以确保辅导服务的针对性和有效性，真正做到服务于学生、造福于学生。学生作为教育工作的受益者和主体，他们的需求和利益应该是我们工作的出发点和落脚点。辅导员应该始终保持对学生的敏感性和关注度，了解他们的学习、生活、情感等方面的需求，及时为他们提供必要的帮助和支持。这包括提供学习上的指导和辅导、关心他们的情感健康、解决他们的生活困难等方面。

制定工作计划和服务方案时，我们应该充分考虑学生的实际情况和需求。这意味着我们需要与学生进行密切的沟通和交流，了解他们的意见和建议，从而更好地制定出符合实际情况的工作方案。只有将学生的需求纳入考虑，我们才能够更好地开展工作，为他们提供更加贴心和有效的服务。辅导服务的针对性和有效性是衡量我们工作质量的重要标准。我们应该根据学生的不同情况和需求，量身定制相应的服务方案，确保服务能够真正满足他们的需求，并取得实际的效果和成效。这可能包括开展个性化的辅导活动、提供针对性的学习指导、组织符合学生兴趣和需求的活动等。

三、学习型组织思想

辅导员队伍建设应倡导学习型组织的理念，鼓励辅导员不断学习和提升自我。这包括专业知识的更新、辅导技能的提升、跨学科知识的拓展等方面。只有不断学习和进步，辅导员才能更好地适应不断变化的教育环境和学生需求。

（一）专业知识的更新

在辅导员队伍的建设中，专业知识的更新是至关重要的。随着时代的发展和知识的不断更新，辅导员需要不断学习和更新专业知识，以跟上时代的步伐，为学生提供更为专业和有效的辅导服务。这种更新包括了解最新的教育政策、心理学理论、学科知识等方面的内容。辅导员需要关注最新的教育政策和法规。教育政策的变化会直接影响到学生的学习环境和教育资源的分配，因此辅导员需要及时了解并理解这些政策，以便为学生提供正确的指导和支持。这可能涉及到课程设置、学业规划、升学政策等方面的内容，辅导员需要具备相关的知识和理解。

心理学理论的不断发展和完善，为我们理解学生的心理特点和行为提供了更为深入和全面的视角。辅导员可以通过学习最新的心理学理论，提升自己对学生心理健康问题的识别和解决能力，为他们提供更为有效的心理辅导和支持。学科知识的更新不仅可以帮助辅导员更好地理解学生的学习需求和困难，还可以为他们提供更为专业的学科辅导和指导。辅导员可以通过参加学术会议、阅读最新的研究成果等方式，不断拓展自己的学科知识，提升自己的学术水平和教学质量。

（二）辅导技能的提升

辅导员的工作需要多方面的技能支持，其中包括沟通技巧、情感支持能力、解决问题的能力等。这些技能对于辅导员有效地开展工作、满足学生需求至关重要。通过不断地学习和培训，辅导员可以提升自己的辅导技能，更好地应对各种复杂的情境和学生需求，为他们提供更为个性化和有效的辅导服务。沟通技巧是辅导员必备的重要技能之一。良好的沟通能力可以帮助辅导员与学生建立起良好的信任关系，更好地理解学生的需求和问题。通过学习有效的沟通技巧，如倾听技巧、表达技巧、反馈技巧等，辅导员可以更加准确地把握学生的心理状态和情感需求，为他们提供更为贴心和有效的支持。

在学生面临挑战和困难时，情感支持能力可以帮助辅导员更好地理解学生的情感需求，并给予他们温暖的关怀和支持。通过学习情感支持技巧和方法，辅导员可以在学生最需要帮助和支持的时候，给予他们及时的情感支持，帮助他们度过难关，重拾信心。学生在学习和生活中常常会遇到各种各样的问题和困难，辅导员需要具备解决问题的能力，为他们提供针对性的帮助和指导。通过不断学习和培训，辅导员可以提升自己的问题解决能力，更加有效地帮助学生解决各种困难和挑战。

（三）跨学科知识的拓展

跨学科知识的拓展对于现代辅导员的角色变得越来越关键。随着教育领域的发展和社会需求的变化，辅导员需要具备更广泛的知识视野和跨学科的能力。这包括了解教育心理学、社会学、心理学等多个领域的知识，并将其应用到自己的工作中。通过跨学科知识的拓展，辅导员可以更全面地理解学生的需求和问题，为他们提供更为全面和综合的辅导服务。了解教育心理学可以帮助辅导员更好地理解学生的心理特点和行为规律。教育心理学研究了学习过程中的认知、情感和行为等方面的问题，为我们提供了认识和了解学生心理状态的重要工具。辅导员可以通过学习教育心理学知识，更好地识别学生的学习困难和心理问题，并针对性地提供帮助和支持。

了解社会学可以帮助辅导员更好地理解学生所处的社会环境和背景。社会学研究了社会结构、社会关系和社会变迁等问题，为我们提供了了解社会的重要视角。辅导员可以通过学习社会学知识，更好地把握学生的社会身份和社会角色，为他们提供个性化和有效的辅导服务。心理学研究了个体的心理过程和行为特点，为我们提供了解人类行为的重要途径。辅导员可以通过学习心理学知识，更好地理解学生的情感需求和行为动机，为他们提供更为针对性和有效的情感支持和帮助。

四、团队合作思想

辅导员队伍建设应强调团队合作的重要性。在团队合作中，辅导员可以互相学习、互相支持，共同应对工作中的挑战和问题。通过团队合作，辅导员可以更好地发挥协同效应，提升辅导服务的质量和效率。

（一）互相学习、互相支持

在辅导员队伍中，团队合作是一种强大的推动力，为辅导员提供了一个互相学习、互相支持的平台。在这个团队中，每位成员都带着独特的经验和专业知识，通过相互交流和分享，可以互相学习、共同进步。这种合作精神不仅能够不断丰富每位辅导员的知识和技能，还能够促进整个团队的成长和发展。团队合作的首要好处之一是提供了一个丰富的学习资源。在团队中，每个成员都有着自己的专业领域和经验积累。通过与团队其他成员的交流和分享，辅导员可以获取新的想法、方法和技巧，从而不断丰富自己的知识体系和工作技能。这种互相学习的氛围有助于辅导员拓展自己的视野，提高自己的专业水平，为更好地服务学生提供了强有力的支持。

团队合作也为辅导员提供了重要的支持系统。在工作中，辅导员常常会遇到各种挑战和问题。在团队中，成员之间可以相互支持、共同应对这些挑战和问题。无论是面对困难的学生案例还是应对突发的工作压力，团队成员都可以共同努力，共同探讨解决方案，为最终取得更好的成果而努力。这种相互支持的团队精神能够增强辅导员的信心和凝聚力，提高工作的效率和质量。团队合作不仅为辅导员提供了一个丰富的学习平台，让他们可以不断吸取新知识、更新工作技能，还为他们提供了一个强大的支持系统，让他们在工作中更加坚定和自信。通过互相学习、互相支持，辅导员可以共同进步，共同提高服务水平，为学生的发展和成长提供更加全面、专业和贴心的支持。

（二）发挥协同效应

团队合作对于辅导员的工作效率和质量提升起着至关重要的作用。团队合作有助于辅导员发挥协同效应，将团队成员的优势最大化，提高工作效率和质量。在团队中，不同成员可以分担任务、协同合作，通过有效的分工合作，可以将工作量分配到各个成员，减轻个人压力，提高工作效率。

团队合作通过分担任务，可以将工作量分配到团队的不同成员，使得每个成员可以专注于自己擅长的领域。这样一来，每个成员可以充分发挥自己的专业优势，提高工作效率。例如，有些成员擅长学术研究，可以负责查找最新的学术资料和研究成果；而有些成员擅长与学生沟通，可以负责与学生进行心理辅导和情感支持。通过分工合作，团队可以更加高效地完成工作任务，提升工作效率。

团队合作有助于集思广益，汇聚各种智慧和资源，更好地解决问题，取得更好的工作成果。在团队中，成员之间可以相互交流、相互学习，共同探讨问题，分享经验和见解。这种集思广益的过程可以帮助团队更全面地理解问题的本质，找到更有效的解决方案。同时，团队合作也可以汇聚各种资源，例如人力、财力、信息等，为工作的顺利进行提供有力支持。

（三）提升辅导服务的质量和效率

在团队中，成员之间可以相互协作、相互监督，确保工作的准确性和及时性。通过共同努力，可以更好地满足学生的需求，提供更为全面、专业和贴心的辅导服务。同时，团队合作还有助于不断改进工作流程和方法，提高工作效率，更好地完成工作任务。团队合作通过成员之间的相互协作和相互监督，确保辅导服务的准确性和及时性。在团队中，成员可以共同协作完成工作任务，相互之间进行交流和协商，确保工作的准确性和专业性。例如，在处理学生的问题和需求时，团队成员可以相互交流意见，共同商讨最佳的解决方案，确保为学生提供准确、及时的支持和帮助。

通过团队合作，不同成员可以共同分享自己的经验和专业知识，从而为学生提供更为全面、专业和贴心的辅导服务。团队成员可以相互学习、相互借鉴，吸收和借鉴他人的经验和教训，不断提升自己的辅导水平。这种共同成长的过程有助于提高辅导服务的质量，为学生的成长和发展提供更好的支持。团队合作还有助于不断改进工作流程和方法，提高工作效率。在团队中，成员可以共同探讨工作流程和方法，发现问题和不足之处，并共同寻找解决方案和改进措施。通过不断改进工作流程和方法，可以提高工作的效率和质量，更好地满足学生的需求，为他们提供更为及时、有效的辅导服务。

五、社会责任思想

辅导员队伍建设应强调社会责任感，意识到作为教育工作者的辅导员在学生成长过程中扮演着重要的角色。辅导员应该积极参与学校和社会的各项活动，为学生的发展和社会的进步贡献自己的力量。

（一）学生成长过程中的重要角色

在学生成长的过程中，辅导员扮演着至关重要的角色。他们不仅仅是教室中的教育者，更是学生成长道路上的关键指导者和支持者。辅导员的工作不仅仅是关注学生的学业表现，更应该关心他们的心理健康、社交能力和个人发展。正是在这种全方位的关怀下，辅导员们才能够更好地引导、鼓励和激励学生，帮助他们在成长道路上稳步前行。辅导员的重要作用体现在对学生的引导和指导上。他们不仅要教授知识，更要引导学生树立正确的人生观、价值观和世界观。通过与学生的沟通交流，辅导员可以帮助他们树立正确的人生目标，明确自己的发展方向，从而更好地规划自己的未来。

在成长过程中，学生可能会面临各种各样的问题和挑战，例如学习压力、人际关系问题等。辅导员应该及时发现学生的心理问题，并给予适当的关怀和帮助，帮助他们克服困难，保持心理健康。在社交能力和个人发展方面，辅导员也发挥着重要作用。他们可以组织各种形式的活动，提供学生展示自我的机会，培养他们的沟通能力、合作精神和领导力。通过这些活动，学生可以更好地发展自己的个性和才能，增强自信心，为将来的发展打下坚实的基础。

（二）积极参与学校和社会活动

辅导员的责任不仅仅局限于课堂教学，更体现在积极参与学校和社会活动中。他们应该成为学校和社会活动的积极参与者，通过各种途径为学生的全面成长和社会的进步贡献自己的力量。在这个过程中，辅导员们可以通过组织学生参与志愿活动、社区服务等方式，培养学生的社会责任感和公民意识，让他们成为有担当、有贡献的社会成员。参与志愿活动是辅导员促进学生社会责任感培养的有效途径之一。通过组织学生参与志愿活动，不仅可以帮助他们认识社会的需求和问题，更能够激发他们的爱心和同情心，培养他们关爱他人、乐于助人的品质。志愿活动也是学生实践社会责任的重要途径，通过亲身参与，学生可以体验到帮助他人的快乐和成就感，进而形成正确的人生观和价值观。

除了参与志愿活动，辅导员还可以通过参与校园文化建设来为学校的发展和进步贡献力量。校园文化建设是培养学生全面发展的重要途径之一，而辅导员作为学校文化建设的重要推动者和组织者，应该发挥自己的专业优势，组织丰富多彩的文化活动，激发学生的创造力和想象力，丰富校园文化生活，营造和谐、积极向上的校园文化氛围。此外，辅导员还可以通过参与学生组织管理等工作来为学校的发展和进步贡献自己的力量。学生组织是学校管理和服务的重要组成部分，辅导员可以担任学生组织的指导老师或管理者，指导学生组织的日常运作，培养学生的组织能力、领导能力和团队精神，促进学生全面发展。

(三) 为学生发展和社会进步贡献力量

辅导员的责任不仅仅是关注个别学生或学校内部的事务，更应该关注整个社会的发展和进步。他们可以通过多种方式为学生的发展和社会的进步贡献自己的力量。这包括关注社会热点问题、引导学生参与社会实践、推动校园文化建设等措施，从而培养学生的社会责任感和公益意识，使他们成为具有社会责任感的未来公民，为社会的发展和进步做出贡献。

辅导员可以通过关注社会热点问题来引导学生关注社会现实，激发他们的社会责任感。面对社会上存在的各种问题和挑战，辅导员可以组织学生开展相关调研或讨论活动，引导他们深入了解问题的根源和解决方案，培养他们的批判思维和问题解决能力，从而激发他们为社会发展贡献智慧和力量的积极性。

辅导员还可以通过引导学生参与社会实践来培养他们的公益意识和社会责任感。组织学生参与各种形式的志愿活动、社区服务等，让他们亲身体验到帮助他人、奉献社会的快乐和意义，从而培养他们的社会责任感和公民意识，使他们成为具有社会担当的未来公民。同时，辅导员还可以通过推动校园文化建设来为学生的发展和社会的进步做出贡献。校园文化建设是培养学生全面发展的重要途径之一，辅导员可以通过组织各种形式的文化活动、丰富多彩的校园生活，营造和谐、积极向上的校园文化氛围，为学生的全面发展提供良好的环境和条件。

六、持续改进思想

辅导员队伍建设的持续改进思想是确保其在日常工作中不断进步和适应社会发展需要的重要保障。这种思想包括不断优化工作机制和服务模式，通过评估和反思，发现问题、解决问题，并不断完善工作流程和服务内容，以提升辅导员队伍的整体素质和服务水平。

（一）定期评估和反思机制

辅导员队伍应确立定期评估和反思机制，这是为了全面系统地评估和分析工作的有效性和质量。这种评估机制不仅仅是针对学生的学习情况和成长发展，更应该对辅导员队伍的工作效果、服务质量等进行全面评估。通过这样的评估，可以及时发现存在的问题和不足之处，为进一步改进提供依据和方向。定期评估和反思是辅导员队伍持续改进的关键步骤之一。这种评估应该是一个全面的过程，涉及到多个方面，包括但不限于学生的学业表现、心理健康状况、社交能力等，以及辅导员队伍的工作方法、服务内容、团队协作等方面。只有全面系统地评估了这些方面，才能够发现问题的根源，并有针对性地采取措施加以改进。

通过定期评估和反思，辅导员队伍可以及时了解自己的工作状况，发现存在的问题和不足之处。这些问题可能包括学生的学习成绩不理想、心理健康问题频发、服务质量不达标等方面的情况。只有及时发现这些问题，辅导员队伍才能够采取针对性的措施加以解决，防止问题进一步扩大影响，保障学生的全面发展。同时，定期评估和反思也是辅导员队伍不断提升自身能力和水平的重要途径。通过对工作的反思和总结，辅导员可以发现自己的不足之处，从而有针对性地进行专业知识学习和能力提升。这样一来，辅导员队伍的整体素质和服务水平就能够不断提高，更好地适应教育事业的发展需要，为学生成长成才和社会进步做出更大的贡献。

（二）及时发现和解决问题

建立在对工作进行定期评估和反思的基础上，辅导员队伍应当及时发现并解决存在的问题。这种及时发现和解决问题的机制是保证工作持续改进的重要一环。这些问题可能涉及到制度不完善、服务内容不够全面、工作流程不够顺畅等各个方面，只有通过及时发现并解决这些问题，辅导员队伍才能够确保工作的顺利开展和服务的高效实施。在面对问题时，辅导员队伍需要充分发挥团队合作的优势。团队的力量是解决问题的关键，通过集思广益，共同商讨解决方案，可以更快地找到问题的根源，并提出切实可行的解决方案。在团队合作中，每个成员都可以发挥自己的优势，相互协作、相互配合，共同促进问题的解决和工作的进展。

辅导员队伍应该积极采取措施，解决存在的问题。这包括及时调整和完善制度，丰富和优化服务内容，优化和改进工作流程等方面。辅导员可以通过与学校领导和相关部门沟通协调，提出改进建议，并积极参与到具体的改革实践中去，确保改革措施的落实和推进。只有这样，才能够有效地解决存在的问题，提高工作的效率和质量。通过及时发现和解决问题，辅导员队伍可以保障工作的顺利开展和服务的高效实施。同时，这也是辅导员队伍持续改进的重要途径，只有不断解决存在的问题，才能够逐步提升工作水平，更好地适应教育事业的发展需求，为学生成长成才和社会进步做出更大的贡献。

（三）持续完善工作流程和服务内容

为适应不断变化的教育需求和社会环境，辅导员队伍建设需要持续完善工作流程和服务内容。这是确保辅导员队伍在不断发展的背景下保持敏锐和灵活性的重要举措。这种持续完善包括根据学生的需求和特点，调整和优化服务内容和方式，不断创新工作方法和手段，以提高工作的针对性和有效性。同时，辅导员队伍还应积极学习和借鉴国内外先进的经验和做法，不断提升自身的专业水平和服务能力。持续完善工作流程和服务内容需要根据学生的需求和特点进行调整和优化。随着社会发展和学生群体的变化，学生的需求也在不断演变。辅导员队伍应该密切关注学生的需求和特点，及时调整和优化服务内容和方式，确保服务与学生的实际需求紧密契合，提高服务的针对性和实效性。

持续完善工作流程和服务内容需要不断创新工作方法和手段。在面对不断变化的教育需求和社会环境时，传统的工作方法和手段可能会显得力不从心。辅导员队伍应该积极探索和尝试新的工作方法和手段，结合现代科技手段，创新服务模式，提高工作的效率和质量。辅导员队伍还应该积极学习和借鉴国内外先进的经验和做法。教育事业是一个不断发展的领域，各地区、各个学校都有各自的成功经验和创新实践。辅导员队伍应该借鉴这些成功经验，学习其先进的管理理念和服务方式，为自身的发展提供有益的借鉴和参考。

七、开放性思想

辅导员队伍建设应具有开放性思想，这是确保他们能够不断吸收来自不同领域和不同文化背景的知识和经验的重要保障。这种开放性思想包括与其他学科领域的专家进行合作、参与国际交流与合作等。通过开放性思想，辅导员队伍可以更好地融入国际化的教育环境，拓展辅导服务的广度和深度。教育是一个综合性的领域，涉及到心理学、社会学、教育学等多个学科领域。辅导员队伍应该与这些领域的专家进行密切合作，共同探讨学生成长发展的问题，分享各自的研究成果和经验，从而更好地理解学生的需求和特点，提供更加专业化的辅导服务。

随着全球化进程的加快，教育领域的国际交流与合作日益频繁。辅导员队伍应该积极参与到国际交流与合作中去，与国外的教育专家和机构建立合作关系，分享经验、借鉴先进的教育理念和方法，从而不断提升自身的服务水平和专业能力。开放性思想可以帮助辅导员队伍更好地融入国际化的教育环境，拓展辅导服务的广度和深度。通过与国外教育机构和专家的合作，辅导员队伍可以了解到更多国际前沿的教育理念和方法，将其应用到实际工作中，为学生提供更加全面和多元化的辅导服务，促进他们的全面发展。

第三节 辅导员队伍建设的基本原则

一、专业化原则

在辅导员队伍建设中，专业化原则是确保辅导员队伍具备专业知识和技能，同时具备良好师德和职业素养的基本要求。这一原则是保障辅导服务质量和学生成长的关键。专业化意味着辅导员不仅要具备一定的学科知识，更需要具备心理学、教育学等相关领域的专业知识，以便更好地理解学生的需求和问题，提供有效的辅导服务。辅导员的专业化需要通过系统的培训和持续的学习来实现。这包括参加心理学、教育学等相关领域的专业培训课程，获取相关证书和资质，不断提升自己的专业能力和水平。同时，辅导员还应该积极参与相关的学术研究和实践活动，不断深化自己的专业理论和实践经验。

辅导员的专业化不仅仅是知识和技能的积累，更重要的是要具备良好的师德和职业素养。这包括尊重学生的个人差异，保护学生的隐私权，坚守职业道德，维护学校的声誉等方面。只有具备了良好的师德和职业素养，辅导员才能够成为学生的良师益友，真正为他们的成长和发展提供有益的帮助和指导。专业化的辅导员不仅要熟悉心理学、教育学等相关领域的理论知识，更需要将这些理论知识应用到实际工作中，为学生提供全面、科学的辅导服务。他们应该能够根据学生的个性特点和问题类型，制定合适的辅导方案，并通过有效的辅导方法和手段，帮助学生解决问题，促进其全面发展。

二、学生为本原则

在辅导员队伍建设中，学生为本原则是一项基本原则，旨在确保辅导服务能够真正贴近学生的需求和利益，为他们提供个性化、针对性的服务。这一原则要求辅导员将学生的需求和利益放在首位，关注他们的成长发展，了解其心理特点和需求，并根据不同学生的情况制定相应的辅导方案，促进其全面发展。学生为本意味着辅导员要以学生的需求和利益为出发点。辅导员应该倾听学生的心声，了解他们的困惑、需求和期待，积极与他们沟通交流，建立起良好的互动关系。只有真正了解学生的需求，才能够制定出符合实际情况的辅导方案，为他们提供更加有效的辅导服务。

学生为本要求辅导员关注学生的成长发展。辅导员应该全面了解学生的学业、心理、职业等方面的情况，帮助他们解决在成长过程中遇到的问题和困难，指导他们树立正确的人生观和价值观，引导他们健康成长。辅导员应该在学生的成长路径上起到引路人和指导者的作用，为他们提供良好的学习和发展环境。学生为本要求辅导员制定个性化、针对性的辅导方案。由于每个学生的个性特点和需求都不同，因此辅导员不能采取一刀切的方法，而是需要根据学生的实际情况制定相应的辅导方案。这需要辅导员具备一定的敏感性和判断力，能够识别出学生的问题和需求，并针对性地提供相应的帮助和指导。

三、团队合作原则

这一原则意味着辅导员队伍中的各个成员应该相互支持、相互协作,共同完成工作任务,达成共识,并为学生的发展和学校的进步而努力。团队合作不仅能够增强辅导员队伍的凝聚力和战斗力,还能够更好地满足学生的需求,推动辅导服务的不断提升。团队合作可以增强辅导员队伍的凝聚力。在一个团结和谐的团队中,成员之间相互信任、相互支持,共同追求团队的共同目标。通过团队合作,辅导员队伍可以更好地汇聚每个成员的力量和智慧,形成强大的合力,提升整个队伍的凝聚力和战斗力。

在一个团队中,各个成员可以根据自己的特长和优势分工合作,共同完成工作任务。通过分工合作,可以有效地节约时间和精力,提高工作效率,更好地满足学生的需求,促进辅导服务的质量和水平的提升。团队合作可以促进成员之间的交流和合作。在团队合作的过程中,成员之间可以充分交流和沟通,共同探讨工作中遇到的问题和挑战,相互学习和借鉴经验,共同成长。通过团队合作,辅导员队伍可以形成良好的学习氛围和工作氛围,为成员提供更多的学习和发展机会。团队合作可以推动辅导服务的不断提升。在一个团结合作的团队中,成员之间可以共同探讨和研究辅导服务的新方法和新技术,共同制定和实施改进方案,不断提高辅导服务的质量和水平,更好地满足学生的需求,促进学校的发展和进步。

四、持续改进原则

辅导员队伍建设应当持续改进,这意味着不断反思和总结工作经验,及时发现问题并采取有效措施加以解决,以提升辅导员队伍的整体素质和服务水平。持续改进是一种动态的过程,需要辅导员队伍保持开放的态度,积极吸纳他人的建议和经验,不断完善工作流程和服务内容。持续改进需要辅导员队伍不断反思和总结工作经验。在辅导员队伍的工作中,难免会遇到各种各样的问题和挑战。辅导员队伍应该及时对工作进行反思和总结,分析问题的原因和成因,探讨解决问题的方法和途径,从而不断提高工作的质量和效率。

持续改进需要辅导员队伍及时发现问题并采取有效措施加以解决。在工作中,可能会出现各种各样的问题,这需要辅导员队伍保持敏锐的观察力和解决问题的能力,及时发现问题,并采取有效的措施加以解决,以避免问题进一步扩大影响,确保工作的顺利开展。持续改进需要辅导员队伍保持开放的态度，积极吸纳他人的建议和经验。在辅导员队伍的建设过程中，应该充分利用各种资源，积极与其他学校、组织和专家进行交流和合作，借鉴他们的成功经验和做法，不断丰富和完善自己的工作内容和方法，提高工作的质量和水平。

持续改进需要辅导员队伍不断完善工作流程和服务内容。随着教育事业的发展和学生的需求的变化，辅导员队伍的工作流程和服务内容也需要不断调整和完善。辅导员队伍应该根据实际情况，及时调整和优化工作流程和服务内容，以适应教育事业的发展需求，提高工作的针对性和有效性。

五、社会责任原则

在辅导员队伍建设中，社会责任原则是至关重要的。这一原则要求辅导员队伍不仅要关注学生的个人成长和发展，还应该积极参与学校和社会的各项活动，为学生的发展和社会的进步贡献自己的力量。这需要辅导员队伍关注社会热点问题，引导学生树立正确的社会责任感和公民意识，促进他们成为有担当、有贡献的社会成员。辅导员队伍应当关注社会热点问题。作为教育工作者，辅导员们应该密切关注社会的发展动态和热点问题，了解社会上存在的各种困难和挑战，积极参与社会问题的讨论和解决过程。通过关注社会热点问题，辅导员可以更好地引导学生认识社会，了解社会的现状和未来发展方向，培养他们的社会责任感和公民意识。

辅导员队伍应当积极参与学校和社会的各项活动。辅导员们可以组织学生参与志愿服务活动、社区建设活动、公益活动等，通过实践参与，培养学生的社会责任感和公民意识，让他们体验到为社会贡献自己的力量的意义和价值。同时，辅导员们也可以通过参与学校的文化建设、学生组织管理等工作，为学校的发展和进步贡献自己的力量，树立起学生的榜样。辅导员队伍应该引导学生树立正确的社会责任感和公民意识。辅导员们应该通过教育和引导，让学生认识到作为社会的一员，他们应该肩负起自己的社会责任，为社会的发展和进步做出积极的贡献。辅导员们可以通过课堂教学、心理辅导、讨论活动等方式，引导学生深入了解社会问题，思考解决问题的方法和途径，培养他们的创新意识和实践能力。

第四节　辅导员队伍建设的方法与策略

一、辅导员队伍建设的方法

（一）专业培训与发展

专业培训与发展是高校辅导员队伍建设的重要环节。辅导员作为学生成长道路上的重要引导者和支持者，其专业素养和能力直接影响着学生的发展质量和效果。因此，提供系统的专业培训是至关重要的。在当前教育环境下，心理健康问题日益凸显，学生的心理辅导需求也日益增加。因此，系统的心理辅导培训成为辅导员的迫切需求之一。通过专业培训，辅导员可以学习到心理辅导的基本理论和技巧，掌握有效的心理辅导方法，提升在学生心理问题处理上的专业水平。同时，教育心理学的知识也是辅导员必备的专业素养之一，它帮助辅导员深入了解学生心理发展规律，为其提供更科学的指导和支持。

此外，沟通技巧也是辅导员必须具备的重要能力之一。良好的沟通能力有助于辅导员与学生建立起亲近的关系，更好地理解学生的需求和问题，并有效地开展心理辅导工作。因此，专业培训应该注重提升辅导员的沟通技巧，包括倾听、表达、反馈等方面的能力。除了专业技能外，学术视野的拓展也是辅导员专业培训的重要内容之一。鼓励辅导员参加学术会议、研讨会等活动，可以让他们了解到最新的教育理论、研究成果和行业动态，从而不断更新知识、拓展视野。这有助于辅导员更好地把握教育前沿动态，提升自身的教育水平和专业素养。

（二）心理健康支持

心理健康支持是高校辅导员队伍建设的重要方面。在现代社会，学生面临着诸多压力和挑战，心理健康问题日益突出，因此，提供有效的心理支持和服务显得尤为重要。辅导员作为学生身边的重要人员，其在心理健康支持方面的作用不可忽视。通过专业的培训和学习，辅导员可以更好地理解和应对学生的心理问题，提供针对性的心理辅导服务。他们能够通过倾听、关怀和引导，帮助学生解决心理困扰，提升心理素质，增强心理抗压能力，从而更好地适应学习和生活的压力。

为了提高辅导员的心理辅导能力，建立辅导员心理咨询团队是一种有效的方式。这个团队由专业心理咨询师和经验丰富的辅导员组成，他们可以共同开展心理辅导工作，互相学习、互相支持。通过定期组织心理健康知识培训和经验交流，团队成员可以不断提升自身的心理辅导水平，积累实践经验，提高心理健康服务的质量和效果。同时，辅导员心理咨询团队也可以为学校建立起一个完善的心理健康服务体系。他们可以定期组织心理健康讲座、心理测评活动等，向全校师生普及心理健康知识，提高心理健康意识，促进全校师生的心理健康发展。此外，他们还可以为学校制定相关的心理健康政策和措施，为学校营造一个良好的心理健康氛围。

（三）团队合作与交流

在当今复杂多变的教育环境中，辅导员们需要共同努力，形成合作共赢的团队，以更好地为学生的发展提供支持和指导。建立辅导员团队是实现团队合作与交流的基础。团队的建立不仅可以促进辅导员之间的沟通和协作，还可以整合资源，提高工作效率。通过共同探讨学生发展中的问题，辅导员们可以相互启发，共同寻找解决问题的有效途径，为学生提供更加全面的支持和帮助。

为了促进团队之间的合作与交流，定期组织各种形式的活动尤为重要。辅导员座谈会、经验交流会等活动可以为辅导员们提供一个交流思想、分享经验的平台，有助于促进信息共享和团队凝聚力的形成。在这些活动中，辅导员们可以分享自己的工作经验和心得体会，借鉴他人的成功经验，共同探讨工作中的困难和挑战，找到解决问题的有效方法。除了定期组织的活动外，利用现代技术手段建立起在线交流平台也是促进团队合作与交流的有效途径。通过建立专门的网络论坛、微信群等平台，辅导员们可以随时随地进行交流和讨论，及时分享工作中的新思路和新发现，加强团队之间的联系和合作。

在团队合作与交流的过程中，团队领导者起着重要的作用。他们应该积极引导团队成员，促进团队内部的协作和沟通，为团队的发展提供有效的支持和保障。同时，团队领导者还应该鼓励团队成员发挥自己的特长和优势，共同推动团队向着更高水平发展。

（四）个人发展规划与评价

辅导员作为学生成长道路上的引导者和支持者，其个人发展水平直接关系到学生的成长效果和教育质量。为了推动辅导员的个人发展，鼓励他们制定个人发展规划是必不可少的。个人发展规划有助于辅导员明确自己的职业目标和发展方向，为自己的成长设定明确的目标和计划，并制定相应的发展策略。通过个人发展规划，辅导员可以更加有针对性地进行自我提升和发展，不断提高专业水平和服务能力。

高校可以组织各类专业培训和进修课程，为辅导员提供学习和成长的机会，帮助他们不断提升专业技能和知识水平。此外，学校还可以提供各种形式的支持，包括经济资助、时间安排等方面的支持，帮助辅导员更好地实现个人发展目标。建立科学的评价体系是促进辅导员个人发展的重要保障。通过定期对辅导员的工作进行评估，可以及时发现问题，发现辅导员工作中存在的不足和问题，并及时进行调整和改进。评价体系应该包括量化和定性两个方面的指标，既要注重辅导员的工作业绩，又要注重辅导员的专业能力和素质提升。通过科学的评价体系，可以为辅导员提供明确的发展方向和改进建议，促进其个人发展和成长。

（五）关注学生需求

关注学生需求是高校辅导员队伍建设中至关重要的一环。学生是高校教育的核心，了解并满足他们的需求，是辅导员工作的重要任务之一。加强对学生的需求调研是关注学生需求的第一步。通过定期开展问卷调查、座谈会等形式，了解学生的心理、学习、生活等方面的需求和问题，掌握学生的特点和变化趋势。只有深入了解学生的实际需求，才能有针对性地开展工作，提供更加贴近学生实际需求的服务。

根据学生的特点和需求，调整辅导员工作重点和方法是关注学生需求的重要举措之一。辅导员可以根据学生的不同特点和需求，灵活调整工作计划和服务内容，采取多种形式和方法，为学生提供个性化、针对性的服务。例如，针对不同年级、专业的学生，可以采取不同的辅导方式和策略，满足他们的不同需求。除了调整工作重点和方法外，加强与学生的沟通和联系也是关注学生需求的重要途径之一。辅导员可以通过参与学生活动、开展学生小组活动等形式，与学生建立起良好的沟通和联系，深入了解学生的想法和需求，及时解决他们的问题和困扰。建立起良好的师生关系，不仅有助于辅导员更好地开展工作，还可以增强学生的归属感和认同感，促进学生的健康成长和发展。

(六) 信息化建设

信息化建设是高校辅导员队伍建设中的一项重要举措,它为辅导员提供了便捷、高效的工作方式,同时也为学生提供了更加多样化和便利的服务渠道。建立辅导员信息化管理系统是信息化建设的关键一步。通过建立系统化的信息管理系统,可以实现对学生信息、工作任务、资源资料等的统一管理和有效利用。辅导员可以通过系统查看学生的相关信息,了解学生的基本情况和问题,有针对性地开展工作。同时,系统还可以实现工作任务的分配和跟踪,提高工作效率和质量。

利用互联网和新媒体平台开展线上辅导服务是信息化建设的另一重要方面。随着互联网的普及和发展,线上辅导服务成为一种趋势。辅导员可以通过建立在线平台,如微信公众号、网站等,开展心理咨询、学业指导等服务,为学生提供及时、便捷的帮助。同时,线上辅导服务还可以实现时间和空间的跨越,满足学生在不同时间、不同地点的需求,提高服务的灵活性和便利性。信息化建设不仅可以提高辅导员的工作效率,还可以满足学生多样化的需求。通过建立辅导员信息化管理系统和开展线上辅导服务,可以为学生提供更加个性化、针对性的服务,满足他们不同层次、不同需求的需求。同时,信息化建设还可以促进辅导员之间的信息共享和工作协同,加强团队合作,提高整个辅导员队伍的工作效率和服务质量。

二、辅导员队伍建设的策略

(一) 关注个体发展需求

实行个性化辅导服务,是为了更好地满足不同学生群体和个体的特点,提供差异化的辅导方案。这样的做法不仅能够更有效地促进学生的全面成长,也有助于提升学生的学业成绩和心理健康。定期进行学生需求调研,是确保辅导员工作质量的关键一环。通过调研,辅导员可以深入了解学生的需求和问题,及时调整和完善自己的工作方式和重点,从而更好地发挥辅导作用,帮助学生解决实际困扰和提升个人能力。

个性化辅导服务的核心在于对学生的差异性认知和个性化需求的理解。每个学生都是独特的个体,拥有不同的性格、兴趣爱好、学习习惯和成长环境。因此,辅导员需要根据学生的特点和需求，量身定制相应的辅导方案。比如，对于学习困难的学生，辅导员可以采取针对性的学习方法指导和时间管理建议；对于心理压力大的学生，辅导员可以提供心理健康咨询和情绪调节技巧等方面的帮助。这种个性化的服务方式，能够更好地满足学生的实际需求，增强辅导效果和学生的满意度。

定期进行学生需求调研，是确保辅导员工作有效性和可持续性的关键手段。通过问卷调查、个别访谈等方式，辅导员可以了解学生的需求和关注点，发现问题和改进空间。例如，可能发现某个班级的学生普遍存在学习焦虑问题，这就需要辅导员调整相应的辅导方式，加强心理健康教育和干预措施。而另一方面，可能还会发现某些学生对职业规划和未来发展比较迷茫，这就需要辅导员加强职业指导和生涯规划方面的服务。通过不断地调研和反馈，辅导员可以及时调整自己的工作重点和方式，提升服务水平和效果，更好地服务学生的个体发展需求。

（二）建立评估与反馈机制

在高校辅导员队伍建设中，建立评估与反馈机制是确保辅导员工作质量和效果的重要手段。通过设立辅导员绩效评估制度，可以定期对辅导员的工作进行评估和反馈，从而激励他们持续提升工作水平和专业能力。这种制度的建立不仅有助于提高辅导员的工作积极性和主动性，还可以有效地促进团队的整体发展和提升服务水平。

辅导员绩效评估制度的建立，意味着对辅导员的工作进行全面而系统的评价。评估内容可以包括工作态度、专业知识、辅导效果等方面。通过制定明确的评估标准和指标，可以客观地评价辅导员的工作表现，并根据评估结果给予相应的奖惩或激励措施。例如，对于表现优秀的辅导员，可以给予表彰和奖励；而对于工作不力或存在问题的辅导员，则需要及时进行指导和改进。这样的评估制度可以激励辅导员持续提升工作水平，推动整个队伍的发展和进步。

引入学生满意度调查，是了解学生对辅导员工作评价和意见的重要途径。学生是辅导员工作的直接受益者和参与者，他们的满意度和意见反馈对于评估辅导员的工作质量和效果具有重要意义。通过定期进行学生满意度调查，可以了解学生对辅导员工作的满意程度、存在的问题和改进建议，从而及时调整和改进辅导员的工作方式和方向。例如，可能发现学生对某位辅导员的沟通方式不满意，这就需要辅导员加强沟通技巧和方式的培训；或者可能发现学生对某个服务项目的需求很高，这就需要辅导员加大相关服务项目的投入和宣传力度。通过学生满意度调查，辅导员可以更加准确地把握学生的需求和期待，提升工作的针对性和有效性。

（三）心理健康服务能力建设

在高校辅导员队伍建设中，心理健康服务能力建设占据着至关重要的地位。加强心理健康知识普及和宣传是为了提高辅导员对心理健康问题的认识和应对能力。随着社会压力的增加和心理健康问题的日益突出，辅导员需要具备足够的专业知识和技能，才能更好地开展心理健康服务工作，帮助学生解决心理困扰，促进其健康成长。

心理健康知识的普及和宣传，是提高辅导员心理健康服务能力的基础。辅导员需要了解心理健康的基本概念、常见问题和应对策略，才能更好地进行心理健康教育和咨询服务。因此，学校可以通过举办心理健康讲座、发放宣传资料、建立网络平台等方式，向辅导员普及心理健康知识，提高其对心理健康问题的认识和了解程度。这样的做法不仅有助于辅导员更好地发现和识别学生的心理问题，还可以为学生提供更加及时和有效的心理健康服务。

除了知识普及，培训辅导员的心理咨询和干预技能也是提高心理健康服务能力的重要途径。心理咨询和干预是辅导员开展心理健康服务的核心内容，需要一定的专业技能和方法。因此，学校可以组织心理健康培训课程，邀请专业心理咨询师或心理学专家进行培训，向辅导员传授心理咨询和干预技能，提升其服务水平和能力。培训内容可以包括心理咨询的基本原理和技巧、常见心理问题的识别和应对方法、心理干预的有效策略等方面。通过系统的培训和实践，辅导员可以更加熟练地运用心理咨询技能，为学生提供更加专业和个性化的心理健康服务。

（四）科研与实践相结合

促进高校辅导员队伍的科研与实践相结合，是提升辅导工作科学性和有效性的关键举措。通过鼓励辅导员参与学术研究项目，可以促进理论与实践的融合，为辅导工作提供更加科学的理论支撑和实践指导。同时，建立学校辅导员实践基地，为辅导员的实践能力提供支持和保障，是落实科研与实践相结合的重要手段。这样的举措有助于提高辅导员队伍的整体素质和服务水平，推动高校辅导工作的不断创新和发展。

辅导工作需要不断借鉴和吸收最新的理论成果和研究成果，以指导和支持实践工作。因此，鼓励辅导员参与学术研究项目，是提升辅导工作科学性和有效性的重要举措。通过参与学术研究项目，辅导员可以深入研究辅导领域的前沿问题，不断拓展自己的学术视野和研究能力。同时，辅导员还可以将学术研究成果应用于实际工作中，不断优化和改进辅导工作的方法和策略，提高服务质量和效果。这样的做法不仅有助于促进理论与实践的相互渗透和互动，还可以为辅导工作的创新和发展提供坚实的理论基础和实践支持。

除了参与学术研究项目，建立学校辅导员实践基地也是促进科研与实践相结合的重要举措。学校辅导员实践基地可以为辅导员提供实践场景和案例，为其的实践能力提供支持和保障。在实践基地中，辅导员可以与学生和教师一起参与校园生活和教育实践，深入了解学生的需求和问题，从而更加贴近实际工作，提高工作的针对性和有效性。同时，学校辅导员实践基地还可以为辅导员的专业发展和能力提升提供平台和机会，促进其实践经验的积累和成长。通过建立学校辅导员实践基地，可以有效地促进科研与实践的结合，提高辅导员队伍的整体素质和服务水平。

第三章 高校辅导员队伍建设的组织与管理

第一节 辅导员队伍建设的组织架构

一、部门设置与职责划分

在高校内部建立专门的辅导员部门或办公室，负责统筹管理辅导员队伍的工作。对辅导员的工作职责进行明确划分，包括学业指导、心理健康服务、生涯规划、就业辅导等方面，以确保各项工作有序开展。

（一）部门设置

在高校内部，设立专门的辅导员部门或办公室是非常必要的举措。这个部门的设立旨在统筹管理辅导员队伍的工作，确保辅导员能够有效地开展各项服务工作，促进学生全面发展和健康成长。辅导员部门或办公室的设立不仅为辅导员提供了一个专门的工作平台，也为学校管理层提供了一个有效的管理机制，以更好地支持和促进学校的教育教学工作。

在现代高校管理中，辅导员部门或办公室可以被视为学生服务的中心，负责为学生提供各种支持和指导。这个部门可以作为一个独立的组织单元存在，拥有相对独立的管理权和资源配置权限。这样一来，辅导员部门可以更加灵活地根据学校的实际情况和学生的需求，制定相应的服务方案和政策，更好地满足学生的需求。

辅导员部门或办公室的设立不仅为学生提供了必要的支持和指导，也为辅导员的专业发展提供了更多的机会和平台。这个部门可以成为辅导员们学习和交流的场所，有利于辅导员们共同进步和提高。同时，这个部门也可以为辅导员们提供更多的培训和发展机会，帮助他们不断提升自己的专业水平和服务能力，更好地为学生服务。

在辅导员部门或办公室的运作中，可以通过建立健全的管理机制和工作流程，提高工作效率和服务质量。这个部门可以通过制定详细的工作计划和目标，明确辅导员的工作职责和权责，确保各项工作有序、高效地开展。同时，这个部门也可以通过加强内部沟通和协作，促进辅导员队伍的团结和合作，共同为学生的发展和成长贡献力量。

（二）职责划分

1. 学业指导

辅导员在学业指导方面扮演着关键的角色，他们负责对学生的学业情况进行跟踪和指导，为学生制定学习计划、解决学习困难，以提升学习效率和成绩。这一职责的履行不仅对学生个人的学业发展至关重要，也直接影响着学校的教学质量和学生的整体素质。学业指导的实施是确保学生学业顺利的重要保障。辅导员通过对学生的学业情况进行跟踪和分析，可以及时发现学生在学习上存在的问题和困难。在发现问题后，辅导员与学生进行沟通，了解学生的学习情况和需求，帮助学生制定个性化的学习计划。这些计划通常包括制定学习目标、规划学习时间、选择适合的学习方法等，有助于提高学生的学习效率和成绩。

辅导员还可以通过提供学习技巧和方法的指导，帮助学生克服学习中的困难和障碍。辅导员可以向学生介绍一些有效的学习策略，如时间管理、记忆技巧、阅读方法等，让学生更好地应对学习压力和挑战。通过这些指导，学生可以更加有效地利用时间，提高学习效率，从而取得更好的学习成绩。辅导员还可以通过定期的学业辅导会议或个别辅导，与学生进行深入的学业交流和探讨。在这些交流中，辅导员可以帮助学生识别和解决学习中的问题，引导学生建立正确的学习态度和方法，培养学生的自主学习能力和学习兴趣。通过这种方式，辅导员可以与学生建立良好的互动关系，增强学生的学习动力和自信心，进而推动学生的学业发展和提升。

2. 心理健康服务

辅导员在心理健康服务方面扮演着关键的角色，他们致力于开展心理健康教育、咨询和干预工作，旨在帮助学生解决心理问题，提升其心理素质和抗压能力。这一工作不仅对学生个人的心理健康具有重要意义，也直接影响着学生的学业成绩和全面发展。辅导员通过开展心理健康教育活动，向学生传授心理健康知识，提高学生对心理健康问题的认识和了解。这些教育活动可以包括心理健康讲座、主题研讨会、心理健康宣传栏等形式，旨在帮助学生树立正确的心理健康观念，增强自我保护意识，预防心理问题的发生。

除了心理健康教育，辅导员还承担着心理咨询和干预的工作。辅导员通过开展心理咨询服务，为学生提供情感支持、心理疏导和解决问题的帮助。在咨询过程中，辅导员会倾听学生的心声，了解其内心的困扰和压力，给予适当的建议和指导，帮助学生理清思绪，缓解情绪困扰。同时，对于有心理问题的学生，辅导员还会进行心理干预工作，采取专业的方法和技巧，帮助学生克服心理障碍，恢复心理健康。在心理健康服务中，辅导员还承担着预防和处理心理危机的重要责任。他们通过建立心理健康服务网络，设立心理咨询热线和应急处理机制，为学生提供及时的心理支持和援助。在学生面临重大压力事件或心理危机时，辅导员可以迅速介入，提供专业的心理援助，帮助学生度过难关，保障其身心健康。

3. 生涯规划

生涯规划是学生在高校阶段必不可少的一项工作，它不仅关乎学生个人的未来发展，也与社会的人才培养和就业需求息息相关。在这一过程中，辅导员的作用至关重要。他们应该为学生提供职业咨询和指导，帮助他们明确职业目标和发展路径，从而为他们的未来做好充分准备。辅导员可以通过个别辅导或职业规划课程等形式，帮助学生了解自己的兴趣、特长和价值观，从而找到适合自己的职业方向。通过与学生深入交流和探讨，辅导员可以帮助他们认识自己的优势和劣势，明确自己的职业发展方向，为未来的职业选择打下基础。

辅导员还可以向学生介绍不同行业和职业的信息，帮助他们了解职业市场的情况和就业趋势，为他们的职业选择提供参考。通过组织职业讲座、实习就业指导等活动，辅导员可以为学生提供更多的就业信息和资源，帮助他们做出明智的职业决策。辅导员还可以为学生提供职业规划工具和方法，帮助他们制定详细的职业发展计划和目标。通过引导学生进行职业规划和目标设定，辅导员可以帮助他们明确自己的职业发展路径，制定实现目标的具体步骤和计划，提高他们的执行力和实现力。

辅导员还可以为学生提供职业发展的实践机会和资源支持，帮助他们积累工作经验和提升职业竞争力。通过组织实习、就业见习、招聘会等活动，辅导员可以为学生搭建起与企业和社会接轨的桥梁，帮助他们更好地了解职业实践和发展机会，为将来的就业做好准备。

4. 就业辅导

就业辅导是高校辅导员工作的重要组成部分，它直接关系到学生毕业后的就业情况和未来发展。辅导员在就业辅导方面扮演着关键的角色，他们应该开展就业指导和就业培训工作，帮助学生了解就业市场情况、提升就业竞争力，为学生顺利就业提供支持和帮助。辅导员可以通过组织就业指导讲座、职业规划工作坊等形式，向学生介绍就业市场的情况和就业趋势，帮助他们了解当前的就业形势和各个行业的发展前景。通过这些活动，学生可以获取到最新的就业信息和趋势，为自己的就业选择做出更加明智的决策。

辅导员还可以为学生提供就业技能培训和就业能力提升的机会，帮助他们提升就业竞争力。通过开展就业技能培训课程、模拟面试、简历写作指导等活动，辅导员可以帮助学生提升自己的就业技能和能力，增加在就业市场上的竞争优势。辅导员还可以为学生提供个性化的就业咨询和指导服务，根据学生的就业需求和情况，为他们提供专业的建议和帮助。通过与学生一对一的交流和辅导，辅导员可以帮助学生制定就业计划、寻找就业机会，解决就业过程中的问题和困难，提高他们的就业成功率。辅导员还可以通过建立校企合作关系、组织招聘活动等方式，为学生提供更多的就业机会和资源支持，帮助他们顺利就业。通过与企业合作，辅导员可以为学生提供实习、就业见习等实践机会，让他们更好地了解企业的需求和要求，为未来的就业做好准备。

（三）工作协调与统筹

在高校中，辅导员部门不仅要负责协调和统筹各项工作，还要确保各方面工作有序、高效地开展。只有通过有效的组织和管理，才能更好地发挥辅导员队伍的作用，为学生提供更加全面和有效的服务。辅导员部门或办公室应该建立健全的工作机制和流程。这包括制定详细的工作计划和目标，明确工作责任和分工，确立工作流程和工作标准等。通过建立规范化的工作制度，可以提高工作效率，减少工作冲突，保障工作质量。辅导员部门或办公室需要加强内部沟通和协作。这包括定期召开工作会议，开展工作交流和经验分享，加强团队凝聚力和合作意识。通过促进内部沟通和协作，可以增强团队的凝聚力，提高工作效率，实现工作目标的共同实现。

辅导员部门或办公室还应该加强与其他部门和机构的合作与协调。这包括与教务处、学生处、就业指导中心等相关部门的密切合作，共同为学生提供更加全面和优质的服务。通过加强与其他部门的合作，可以整合资源，优化服务，提高工作效率。辅导员部门或办公室应该不断加强对工作的监督和评估。这包括定期对工作进展和工作效果进行评估和总结，发现问题并及时进行调整和改进。通过建立健全的监督和评估机制，可以及时发现问题，促进工作的持续改善和提高。

辅导员部门或办公室可以通过制定工作计划、组织会议、开展培训等方式，加强对辅导员队伍的管理和指导，促进工作的全面发展和提高。

二、领导与管理体系

设立辅导员队伍的领导和管理体系，包括主管领导、中层管理者和基层辅导员等级别。拥有清晰的管理层级和责任划分，确保辅导员队伍的工作有序、高效地进行。

（一）设立主管领导

确立主管领导是高校辅导员队伍领导和管理体系中的重要一环。这一职位通常由校领导或相关部门领导担任，他们在整个体系中扮演着关键的角色。主管领导不仅需要领导和指导辅导员队伍的工作，还需要制定辅导员工作的总体发展规划和政策措施，对辅导员队伍的工作负最终责任。主管领导在高校辅导员队伍中的角色至关重要。他们负责领导和指导辅导员队伍的工作。作为领导者，他们需要具备丰富的管理经验和领导能力，能够有效地组织和协调辅导员队伍的工作，推动工作的顺利开展。通过对辅导员队伍的领导和指导，主管领导可以确保辅导员队伍的工作与学校的整体发展目标保持一致，为学生提供更加全面和有效的服务。

在高校辅导员队伍的领导和管理中，制定科学合理的工作规划和政策措施至关重要。主管领导需要结合学校的发展需求和辅导员队伍的实际情况，制定符合实际情况的发展规划和政策措施，为辅导员队伍的工作提供明确的指导和支持。主管领导对辅导员队伍的工作负有最终责任。在高校辅导员队伍的领导和管理中，主管领导是最终的责任主体。无论是工作成绩还是工作失误，都与主管领导息息相关。因此，主管领导需要对辅导员队伍的工作负起最终的责任，及时发现问题并采取有效措施加以解决，确保辅导员队伍的工作能够顺利开展。

（二）中层管理者

在辅导员队伍的领导和管理体系中，应该设立中层管理者，包括辅导员部门主任、院系辅导员组长等。中层管理者负责组织和协调辅导员队伍的日常工作，负责具体实施主管领导的工作要求和政策措施。

（三）基层辅导员

中层管理者包括辅导员部门主任、院系辅导员组长等，他们在整个体系中扮演着重要的角色。中层管理者负责组织和协调辅导员队伍的日常工作，具体实施主管领导的工作要求和政策措施。中层管理者在辅导员队伍中的角色是协调者和组织者。作为中层管理者，他们需要负责组织和协调辅导员队伍的日常工作，包括学生服务、活动组织、工作安排等方面。通过有效的组织和协调，可以确保辅导员队伍的工作有序、高效地开展。

中层管理者在辅导员队伍中的角色是执行者和监督者。作为中层管理者，他们需要具体实施主管领导的工作要求和政策措施，监督和指导下属的工作。通过对工作的执行和监督，可以确保工作的落实和效果的达到，提高工作的质量和效率。中层管理者还在辅导员队伍中起到了激励和支持的作用。作为中层管理者，他们需要关心和支持下属的工作，激励他们积极工作，提高工作的积极性和效率。通过提供必要的资源和支持，可以帮助辅导员队伍克服困难，顺利完成工作任务。中层管理者在辅导员队伍中的角色是沟通者和协调者。作为中层管理者，他们需要与上级领导和下属辅导员保持良好的沟通和协调，及时了解工作情况和需求，协调解决工作中的问题和困难。通过有效的沟通和协调，可以促进团队的凝聚力和合作效率，实现工作目标的顺利实现。

（四）清晰的管理层级和责任划分

在高校辅导员队伍的领导和管理体系中，确立清晰的管理层级和责任划分是至关重要的。这样的划分能够有效地组织和管理辅导员队伍的工作，确保工作有序、高效地进行。主管领导负责对整个队伍的领导和管理，中层管理者负责对各部门或院系辅导员队伍的组织和管理，基层辅导员则负责为学生提供具体的服务和指导。主管领导是整个队伍的最高领导者，负责对整个队伍的领导和管理。主管领导需要制定辅导员工作的总体发展规划和政策措施，指导和监督辅导员队伍的工作，对整个队伍的工作负最终责任。

中层管理者负责对各部门或院系辅导员队伍的组织和管理，具体实施主管领导的工作要求和政策措施。中层管理者需要协调和指导下属辅导员的工作，确保工作任务的完成和效果的达到。基层辅导员是直接为学生提供服务和指导的一线工作者。他们负责为学生提供具体的学业指导、心理健康服务、生涯规划和就业辅导等方面的服务。基层辅导员需要与学生进行密切的沟通和交流，了解他们的需求和问题，帮助他们解决困难，促进其个人发展和成长。

三、人员编制与配备

根据学校规模和学生人数，确定辅导员队伍的人员编制和配备标准。确保辅导员队伍的人员结构合理，覆盖不同专业和学生群体，满足学生个性化发展需求。

（一）根据学校规模和学生人数确定编制标准

针对不同学校规模和学生人数的情况，确定辅导员队伍的编制标准是确保学生得到充分关注和服务的重要举措。学校规模和学生人数的不同会直接影响到辅导员队伍的规模和构成，因此需要根据实际情况制定合理的编制标准，以满足学生的个性化需求和发展。

针对较大规模的学校和较多学生的情况，需要相应规模的辅导员队伍来保障学生的服务需求。大规模的学校通常会面临学生数量庞大、需求多样化的情况，因此辅导员队伍的规模需要相对较大，以确保能够覆盖到更多的学生群体，提供全面的服务。在这种情况下，可以根据学生人数和学生年级划分辅导员的编制标准，例如每一定数量的学生配备一名辅导员，或者每个年级配备一定数量的辅导员。这样可以保证辅导员队伍的规模与学校的规模和学生人数相匹配，有效地满足学生的服务需求。

针对较小规模的学校和学生人数较少的情况，辅导员队伍的规模可以相对较小。在这种情况下，可以根据实际情况适当减少辅导员的编制数量，但仍要保证辅导员队伍的基本配置，确保能够为学生提供基本的服务和支持。虽然学校规模较小，但学生的个性化需求仍然存在，因此辅导员队伍的编制标准仍需根据学生人数和需求进行合理安排，以确保学生能够得到充分的关注和支持。

（二）确保人员结构合理

为确保辅导员队伍的人员结构合理，需要考虑到学校的特点和学生的需求，以满足学生多样化的需求。这包括不同年龄、不同经验、不同专业背景的辅导员的合理配置，以及覆盖到各个方面如学业指导、心理健康服务、生涯规划等。辅导员队伍的人员结构应该包括不同年龄和不同经验的辅导员。年轻的辅导员可能更富有活力和创新精神，能够更好地理解学生的需求和心理，与他们建立良好的沟通和信任关系。而经验丰富的辅导员则可能在处理复杂问题和危机干预方面更加得心应手，能够为学生提供更加成熟和专业的指导和帮助。

不同专业背景的辅导员能够为不同专业的学生提供针对性的指导和帮助，更好地满足学生的学业需求。例如，具有心理学背景的辅导员可能在心理健康服务方面有更深入的了解和专业的能力，能够为学生提供更加有效的心理咨询和支持。辅导员队伍的人员结构还应该覆盖到各个方面，如学业指导、心理健康服务、生涯规划等。这些不同方面的辅导员能够为学生提供全方位的支持和帮助，促进他们的全面发展和成长。例如，学业指导员可以帮助学生制定学习计划和解决学习困难，心理健康服务员可以为学生提供心理咨询和支持，生涯规划员可以帮助学生明确职业目标和发展路径。

（三）覆盖不同专业和学生群体

为确保辅导员队伍的配备覆盖到不同专业和学生群体，需要采取一系列措施，以确保每个专业和学生群体都能够得到充分的关注和支持。这涉及到根据学校的专业设置和学生的分布情况，合理安排辅导员的分配，以确保各个专业和学生群体都有专人负责。根据学校的专业设置和学生的分布情况，对辅导员的分配进行合理安排。不同专业的学生可能面临不同的学习和生活问题，因此需要根据专业的特点和需求来安排相应专业背景的辅导员。例如，对于理工科类专业，可以配备具有相关专业背景的辅导员，以更好地满足学生的学习需求；对于文科类专业，可以配备具有人文社科背景的辅导员，以更好地满足学生的人文素养和思维能力培养需求。

对于不同学生群体，也需要进行相应的辅导员配备。例如，针对本科生、研究生、留学生等不同类型的学生群体，可以配备专门负责的辅导员团队，以满足其特定的需求。针对留学生，可以配备具有跨文化交流和语言能力的辅导员，以帮助他们更好地适应和融入当地学习和生活环境。还可以根据学生人数和需求的实际情况，灵活调整辅导员的分配和配备。对于学生数量较多的专业或学生群体，可以增加相应数量的辅导员，以确保每个学生都能够得到足够的关注和支持。而对于学生数量较少的专业或学生群体，则可以适当减少辅导员的配备，但仍要确保每个学生都有可以咨询和求助的辅导员资源。

（四）满足学生个性化发展需求

为满足学生个性化发展需求，辅导员队伍的编制和配备至关重要。这需要考虑不同学生的不同需求和特点，并确保辅导员队伍有一定数量的专业化辅导员或特定领域的专家，如心理咨询师、职业规划师等。辅导员队伍应该有足够数量的专业化辅导员。学生在成长过程中可能面临各种问题，包括学业、心理健康、人际关系等方面的困扰。因此，需要配备专业化的辅导员，如心理咨询师、学业指导专家等，以满足学生在不同领域的个性化需求。这些专业化的辅导员能够提供更专业、更针对性的服务，帮助学生解决问题，促进其健康发展。

在职业规划、创业指导、跨文化交流等方面，学生可能需要专业的指导和支持。因此，辅导员队伍中需要有一定数量的专家，能够为学生提供针对性的指导和建议，帮助他们更好地应对未来的挑战和机遇。这些专家可以通过专业知识和经验，为学生提供更全面、更深入的服务，促进其个性化发展。辅导员队伍还应该注重团队的多样性和包容性。不同背景、不同经历的辅导员可以为学生提供不同的视角和支持，帮助他们更好地理解自己的需求和目标。通过团队的多样性和包容性，可以为学生提供更全面、更个性化的服务，促进他们的全面发展和成长。

四、培训与发展机制

建立完善的培训机制，包括入职培训、定期培训和专业发展培训等，提升辅导员的专业素养和服务能力。鼓励辅导员参加学术交流和研讨会，不断更新知识和拓展视野，促进辅导员队伍的学术水平和专业发展。

（一）入职培训

新辅导员加入队伍后的首要步骤是进行入职培训。这一培训是帮助新辅导员快速适应工作环境、了解学校相关政策法规以及熟悉工作职责和服务流程的重要环节。入职培训还承担了向新辅导员介绍学校文化和价值观的任务，以帮助他们更好地融入学校环境并了解学校的发展方向。

在入职培训中，新辅导员应该接受关于学校的相关政策法规的系统介绍。这些政策法规可能涉及学生管理、学术规范、学校管理制度等方面，新辅导员需要了解并遵守这些规定，以保证工作的顺利开展。此外，入职培训还应该涵盖到辅导员的工作职责和服务流程等方面的内容。这包括辅导员在学业指导、心理健康服务、生涯规划等方面的具体工作内容和责任，以及如何与学生、教职员工及其他部门进行有效沟通和协作等方面的培训。

除了学校的相关政策法规和工作职责外，入职培训还应该向新辅导员介绍学校的文化和价值观。学校的文化和价值观是学校的精神支柱，也是学校发展的重要动力。新辅导员了解学校的文化和价值观，有助于他们更好地理解学校的办学理念和发展目标，从而更好地融入学校环境，与同事和学生建立良好的关系。

（二）定期培训

定期培训是持续提升辅导员服务能力的重要途径，旨在不断提升辅导员的专业素养和服务水平。这种培训可以定期举办，覆盖学业指导、心理健康服务、生涯规划等方面的内容，以确保辅导员跟上时代发展的步伐，满足学生日益多样化的需求。定期培训涵盖了多个方面的内容。学业指导、心理健康服务、生涯规划等是辅导员工作的核心内容，定期培训应该围绕这些方面展开，更新相关知识和技能。例如，学业指导方面可以介绍最新的学习方法和教育理论；心理健康服务方面可以探讨常见心理问题的应对策略；生涯规划方面可以分享就业市场的最新动态和职业规划的最佳实践。

定期培训可以邀请校内外专家学者进行讲座和授课。学校内外的专家学者通常具有丰富的经验和权威的专业知识，他们可以为辅导员提供前沿的学术理论和实践经验，帮助辅导员拓展视野、更新知识。这种跨界交流也有助于辅导员拓宽思路，创新工作方法。定期培训还可以组织辅导员内部交流分享经验。辅导员队伍中有着丰富的实践经验和工作心得，通过内部交流，辅导员可以相互学习、借鉴经验，发现工作中的问题并共同探讨解决方案。这种经验分享可以促进团队合作，提高工作效率，同时也增强了辅导员的凝聚力和归属感。

（三）专业发展培训

专业发展培训是为了提升辅导员的专业水平和服务能力而设计的一种培训方式。这种培训旨在根据辅导员个人的发展需求和学校的发展方向进行个性化设置，以确保辅导员在不同领域的发展需求得到满足。专业发展培训内容丰富多样，可以包括心理健康知识培训、职业规划技能培训、沟通与危机干预技能培训等内容。辅导员在日常工作中需要处理各种学生心理健康问题，因此需要具备一定的心理学知识和技能。培训内容可以涵盖常见心理问题的识别与干预、心理健康教育的开展、心理咨询技巧等方面，以提升辅导员的心理健康服务能力。

辅导员需要协助学生进行职业生涯规划，因此需要掌握一定的职业规划理论和技能。培训内容可以包括职业测评工具的应用、职业规划指导方法、就业市场动态等方面的内容，以帮助辅导员更好地辅导学生进行职业规划。辅导员在工作中需要与学生、教职员工以及家长进行有效的沟通，同时也需要具备危机干预的能力。培训内容可以包括有效沟通技巧的培训、危机干预的理论与实践等方面的内容，以提升辅导员的沟通能力和危机处理能力。

（四）学术交流和研讨会

学术交流和研讨会作为促进辅导员队伍学术水平和专业发展的重要途径，扮演着至关重要的角色。这些活动既可以是学校内部组织的学术讲座，也可以是外部学术会议和研讨会。无论是内部还是外部的形式，参加学术交流和研讨会都能够为辅导员提供深入了解最新的研究成果和行业动态的机会。通过参与这些活动，辅导员们能够紧跟学术前沿，及时了解行业发展趋势，从而不断拓展自己的专业视野。

在学术交流和研讨会上，辅导员们能够接触到来自不同领域、不同背景的专家学者，进行学术交流与碰撞。这种交流不仅有助于拓宽思路，还能够促进思想碰撞，激发创新灵感。与此同时，参与研讨会也是提升辅导员学术能力和服务水平的有效途径。通过听取专家的报告和经验分享，辅导员们可以汲取宝贵的经验，提高自身的学术素养和专业技能。学术交流和研讨会还为辅导员提供了展示自己研究成果和专业能力的平台。在这些场合，辅导员们可以通过展示自己的研究成果和专业见解，与同行进行深入的学术交流和讨论，从而提升自己的学术声誉和影响力。同时，通过与同行交流，辅导员们还能够建立起良好的学术合作关系，共同开展科研项目，促进学科的发展和进步。

五、评估与激励机制

建立辅导员绩效评估制度，定期对辅导员的工作进行评估和反馈，激励其提高工作水平。设立奖励制度，对工作表现突出的辅导员给予表彰和奖励，激发其工作积极性和创造力。

（一）建立绩效评估制度

绩效评估制度的主要目的在于通过定期对辅导员工作进行评估和反馈，以客观了解他们的工作表现和存在的问题。在评估的过程中，应当综合考虑多方面指标，例如学生满意度调查、工作日志记录以及教学效果评估等。这样的多维度评估能够全面地了解辅导员的工作表现，从而有针对性地提出改进建议和措施。通过定期的问卷调查，可以了解学生对辅导员的教学方式、沟通能力、服务态度等方面的满意度，从而评估辅导员在学生心目中的形象和评价。这种调查不仅可以反映出辅导员在教学过程中的优势和不足，还能够为辅导员提供改进的方向和建议。

辅导员可以通过记录工作日志来记录自己的工作内容、工作时长以及遇到的问题和解决方案等信息。这些记录可以帮助评估者全面了解辅导员的工作内容和工作量，从而更准确地评估其工作表现和水平。通过对辅导员的教学效果进行评估，可以客观地了解辅导员在教学过程中的表现和水平。评估内容可以包括学生的学习成绩、课堂参与度、作业完成情况等方面的指标，以此来评估辅导员的教学效果和教学水平。

（二）提供个性化反馈

提供个性化反馈不仅包括了辅导员工作中的优点，也要诚实地指出存在的不足之处。针对不同的辅导员，需要提供个性化的改进建议和培训计划，以帮助他们进一步提高工作水平。这种定期的反馈机制可以帮助辅导员及时调整工作方法和提升能力，从而更好地适应工作的需求和挑战。每个辅导员在工作中都有自己的特点和优势，因此需要针对性地提供反馈和改进建议。对于那些工作表现较好的辅导员，可以通过强调其优点并提供进一步发展的建议，来帮助他们更好地发挥潜力。而对于那些存在工作不足的辅导员，则需要更加具体地指出问题所在，并提供相应的培训和支持，以帮助他们提高工作水平。通过了解每位辅导员的工作特点和需求，可以有针对性地制定培训计划，以帮助他们提高在教学、管理、沟通等方面的能力。这种个性化的培训计划不仅可以提高辅导员的专业水平，还可以增强其在工作中的自信心和满足感，从而更好地实现个人和组织的共同目标。

（三）设立奖励制度

设立奖励制度是提高辅导员积极性和工作效率的关键措施。通过对工作表现突出的辅导员进行表彰和奖励，可以有效地激发其工作积极性和创造力，同时也可以增强其对工作的归属感和满足感。这种奖励制度可以采取多种形式，如荣誉称号、奖金、职称晋升等，根据不同的工作表现进行差异化奖励，更能激发辅导员的工作热情和创造力。对于工作表现突出的辅导员，可以给予其一定的荣誉称号，如"优秀辅导员"、"杰出教师"等，以表彰其在工作中的突出表现和贡献。这种荣誉称号不仅可以增强辅导员的自豪感和自信心，还可以激励其他辅导员争取荣誉，从而形成一种良好的竞争氛围，推动整个团队的发展。

对于工作表现突出的辅导员，可以给予其一定额度的奖金作为奖励，以激励其更加努力地工作。这种奖金可以作为一种直接的经济激励，可以有效地提高辅导员的工作积极性和投入程度，从而提高整个团队的工作效率和水平。对于工作表现突出、业绩突出的辅导员，可以给予其职称晋升的机会，如晋升为副教授、教授等。这种晋升不仅可以提高辅导员的社会地位和职业声望，还可以激励其更加努力地工作和进取，从而促进其个人和团队的发展。

（四）建立竞争机制

通过设置一定的竞争机制，可以让辅导员们在工作中争取更高的评价和奖励，从而提高整体工作水平和质量。其中，设立年度最佳辅导员奖是一个具有代表性的例子，这种机制能够鼓励辅导员们不断提升自己的工作能力和表现，促进整个团队的发展。通过设立这样的奖项，可以让辅导员们在工作中充分发挥自己的能力，争取获得这一荣誉，从而激发其工作积极性和创造力。这种竞争机制不仅可以激发辅导员们的竞争意识，还可以提高他们的工作投入度和专业水平，从而推动整个团队的进步和发展。

在竞争的过程中，辅导员们不仅会竞相提升自己的工作能力，还会通过交流和学习来提高团队整体的工作水平。这种协作和交流不仅有助于辅导员们在工作中相互支持和学习，还可以促进团队的凝聚力和团队精神，从而更好地完成工作任务和目标。

此外，设立年度最佳辅导员奖还可以提高整个团队的工作质量和水平。在竞争的激励下，辅导员们会不断提高自己的工作能力和表现，从而提高整个团队的工作水平和质量。这种竞争机制可以促进辅导员们不断进取和创新，从而更好地适应和应对工作中的各种挑战和需求。

（五）关注长期发展

在关注辅导员的长期发展方面，除了短期的绩效评估和奖励，提供持续的专业培训和发展机会是至关重要的。通过为辅导员提供专业培训和发展机会，可以帮助他们不断提升专业水平和服务能力，以适应教育领域的发展和变化。这种持续的关注和支持可以保持辅导员的工作动力和激情，进一步提高其工作质量和水平。教育领域的发展变化日新月异，辅导员需要不断学习和更新自己的知识和技能，以适应新的教学理念、方法和工具。因此，为辅导员提供持续的专业培训是非常必要的，可以帮助他们不断提升自己的专业水平和教学能力，从而更好地满足学生和学校的需求。

发展机会也是辅导员长期发展的重要保障。除了专业培训，还应该为辅导员提供更多的发展机会，如参与教学研究项目、担任学科组长或院系领导等。这些发展机会可以让辅导员在实践中不断积累经验，提升领导能力和管理能力，从而更好地发挥自己的潜力和作用。应该为辅导员制定清晰的职业发展规划和路径，为其提供晋升和升迁的机会和条件。这样可以激励辅导员不断进取和努力工作，提高整个团队的工作质量和水平。

六、沟通与协作机制

在辅导员与其他部门之间建立良好的沟通与协作机制，不仅可以促进信息共享和资源整合，还有助于提高工作效率和推动组织发展。通过定期组织辅导员会议和工作座谈等方式，交流工作经验和成果，解决工作中的问题和困难，进一步加强团队凝聚力和执行力。沟通与协作机制的建立，旨在打破各部门之间的信息壁垒，促进信息共享和资源整合。辅导员作为学校中重要的工作人员，需要与其他部门紧密合作，共同推动学校的各项工作。通过建立定期的会议和座谈等沟通平台，可以让辅导员们更加深入地了解其他部门的工作内容和需求，有针对性地进行资源整合和合作交流，最大程度地发挥各部门的优势，推动学校整体工作的顺利进行。

定期组织辅导员会议和工作座谈，也是促进工作经验和成果交流的有效途径。在这些会议和座谈中，辅导员们可以分享自己的工作经验和成果，互相学习借鉴，共同探讨解决工作中遇到的问题和困难的办法。这种经验交流和合作探讨不仅可以提升辅导员们的工作水平和能力，还可以增进团队之间的信任和合作，为学校的长远发展奠定坚实的基础。此外，建立沟通与协作机制还能够有效解决工作中的问题和困难。在辅导员会议和工作座谈中，可以针对工作中存在的问题和困难进行集中讨论和分析，找到解决问题的有效途径和方法。同时，通过与其他部门的沟通与协作，还可以获得更多的资源支持和帮助，共同应对挑战，推动学校的各项工作顺利开展。

七、监督与督导机制

通过设立专门的监督与督导机制，可以有效确保辅导员的工作符合学校的要求和标准，提高整体工作效率和质量。指定专门的督导人员或团队，对辅导员的工作进行定期检查和评估，能够及时发现问题并提出改进意见，从而推动辅导员工作的不断优化和提升。设立监督与督导机制有助于规范辅导员的工作行为和规范。通过设立明确的监督与督导机制，可以明确辅导员的工作职责和工作标准，规范其工作行为和工作态度。监督与督导人员或团队可以根据学校的工作要求和标准，对辅导员的工作进行全面检查和评估，确保其工作符合学校的要求和标准，维护学校的声誉和形象。

设立监督与督导机制有助于发现问题并及时提出改进意见。监督与督导人员或团队可以定期对辅导员的工作进行检查和评估，及时发现工作中存在的问题和不足之处。一旦发现问题，监督与督导人员或团队应当及时提出改进意见和建议，帮助辅导员解决工作中的困难和问题，提高工作质量和水平。设立监督与督导机制还可以促进辅导员的个人成长和发展。监督与督导人员或团队可以通过定期检查和评估，为辅导员提供及时的反馈和指导，帮助他们发现自己的不足之处并加以改进。这种个性化的指导和支持有助于提高辅导员的工作能力和表现，促进其个人成长和发展。

第二节　辅导员队伍建设的管理模式

一、综合型管理模式

（一）组织架构设计

通过建立清晰的组织结构和管理层级，可以有效地明确各级辅导员的职责和权限，确保管理体系的科学性和灵活性。这种组织架构的设计不仅有助于规范辅导员队伍的运作，还可以提高工作效率和质量，推动整个队伍的稳步发展。在高校辅导员队伍的组织架构设计中，需要充分考虑到学校的规模、性质和特点，以及辅导员队伍的人数和结构。首先，应该明确各级辅导员的职责和权限，划分清楚各自的工作范围和任务，避免工作重叠和职责不清的情况发生。例如，可以将辅导员队伍分为教学辅导员、生活辅导员、就业辅导员等不同类别，每个类别负责不同方面的工作，确保各项工作有序开展。

需要建立健全的管理层级和沟通渠道，确保信息的畅通和工作的协调。可以设立辅导员工作领导小组或委员会，负责制定辅导员工作的规划和政策，协调各级辅导员的工作。同时，还可以设立辅导员工作办公室或中心，负责具体的工作执行和协调管理，提供工作支持和服务。组织架构设计还应考虑到辅导员队伍的专业发展和人才培养。可以设立专门的培训和发展部门，负责辅导员的培训计划和实施，为其提供专业知识和技能的培训，提升其工作能力和水平。同时，还可以建立导师制度，为新人辅导员提供指导和支持，帮助其适应工作环境和角色定位，提高工作效率和质量。

（二）人员选拔机制

通过设立科学的选拔标准和程序，可以选拔具有优秀素质和专业能力的辅导员，保障队伍的质量和稳定性。这种人员选拔机制的建立不仅有助于提高辅导员队伍的整体素质，还能够为学校提供更加优质的教育教学服务，推动学校的整体发展。建立科学的选拔标准是人员选拔机制的基础。这些标准应该综合考虑辅导员工作的性质、要求和特点，明确辅导员应具备的基本素质和专业能力。例如，辅导员应具有良好的沟通能力、人际关系处理能力和问题解决能力，具备一定的心理学知识和教育教学理论知识，具有一定的团队合作精神和服务意识等。通过明确这些选拔标准，可以为选拔工作提供明确的指导和依据，确保选拔出的辅导员具备较高的工作能力和水平。

选拔程序应该包括招聘公告发布、资格审核、笔试或面试、综合评定等环节，确保选拔工作的公平、公正和透明。在选拔过程中，应该根据不同岗位的要求和特点，设计相应的选拔内容和方式，全面考察应聘者的综合素质和专业能力。同时，还应该建立健全的选拔评定机制，设立专门的评定委员会或专家组，对应聘者进行综合评定，确保选拔结果的科学性和准确性。选拔出的辅导员应该具有一定的专业发展潜力和发展空间，能够通过培训和学习不断提升自己的工作能力和水平。因此，在选拔之后，还应该建立健全的培训和发展计划，为辅导员提供相应的培训和发展机会，帮助其适应工作环境和角色定位，提高工作效率和质量。

（三）培训发展计划

通过提供系统化的培训和发展计划，结合个人发展需求，可以持续提升辅导员的专业水平和服务能力。这种计划不仅有助于辅导员适应教育环境的变化，还能够提高其工作效率和质量，推动队伍的持续发展。针对不同层次、不同类型的辅导员，制定相应的培训计划，满足其专业知识和技能的需求。例如，针对新任辅导员，可以开展基础培训，包括心理辅导技能、沟通与表达能力等方面的培训；针对有一定工作经验的辅导员，可以开展进阶培训，涉及到团队管理、学生心理健康等方面的培训；针对资深辅导员，可以开展高级培训，包括教学改革、科研项目申报等方面的培训，以满足其不断提升的专业需求。

培训发展计划应该具有系统性和持续性。不仅要注重一次性的培训活动，还应该建立起长期稳定的培训机制，确保辅导员的持续发展。可以通过定期举办专业培训班、研讨会、讲座等形式，为辅导员提供系统化的培训和学习机会，帮助其不断更新知识、提升技能，适应教育领域的发展和变化。考虑到辅导员个人的专业特长和发展需求，制定个性化的培训计划，为其提供量身定制的培训服务。可以通过个人评估和导师指导，帮助辅导员明确个人的发展方向和目标，选择适合自己的培训项目和学习内容，实现个人职业发展与组织目标的有效对接。

二、绩效驱动型管理模式

（一）绩效考核体系

通过建立科学的绩效考核指标体系，包括教学效果、学生满意度、工作成果等方面的指标，可以激励辅导员的工作积极性和创造力。这种绩效考核体系的建立不仅有助于评估辅导员的工作表现，还能够促进其持续提高工作水平，推动整个队伍的进步与发展。在建立绩效考核体系时，首先需要明确考核的目标和标准。考核的目标应该与学校的教育教学目标和发展战略相一致，明确反映辅导员在教学、学生服务、学科建设等方面的工作贡献和业绩表现。考核标准应该科学合理、具体明确，能够客观公正地评价辅导员的工作表现，为其提供有效的激励和指导。

绩效考核指标应该涵盖多个方面，包括教学效果、学生满意度、工作成果等多个方面的指标，全面反映辅导员的工作绩效。例如，可以将教学效果指标包括学生成绩提升情况、教学评价结果等；学生满意度指标包括学生满意度调查结果、投诉处理情况等；工作成果指标包括学生荣誉获奖情况、学科竞赛成绩等。通过综合考核多个方面的指标，可以全面评价辅导员的工作表现，提高考核的科学性和准确性。考核机制应该具有一定的灵活性，能够根据不同辅导员的工作特点和工作环境进行调整和适应。例如，针对不同岗位的辅导员，可以制定不同的考核标准和指标，灵活设置考核内容和权重，以满足其工作需求和发展目标。同时，还应该定期对考核机制进行评估和调整，及时跟进工作进展和变化，确保考核机制的科学性和有效性。

（二）定期绩效评估

通过定期进行绩效评估，根据评估结果制定奖惩措施，可以提高辅导员的工作效率和质量，推动队伍的持续发展。这种定期绩效评估的实施不仅有助于发现辅导员工作中存在的问题和不足，还能够及时给予奖励和激励，提高辅导员的工作积极性和创造力。在进行定期绩效评估时，首先需要制定明确的评估标准和指标。评估标准应该与辅导员的工作任务和职责相一致，明确反映其在教学、学生服务、学科建设等方面的工作表现。评估指标应该具体明确、客观公正，能够全面反映辅导员的工作绩效。例如，可以将教学效果、学生满意度、工作成果等多个方面的指标纳入评估范围，综合考核辅导员的工作表现。

评估机制应该包括评估周期、评估方式、评估人员等方面的内容，确保评估工作的科学性和有效性。评估流程应该明确各个环节的责任人和时间节点，确保评估工作的顺利进行。例如，可以设立评估小组或专家组，负责组织和实施评估工作，定期对辅导员的工作进行评估和反馈。根据评估结果，及时给予辅导员反馈和建议，帮助其发现工作中存在的问题和不足，并提出改进措施。同时，也要及时给予辅导员奖励和激励，表彰其工作表现突出的地方，激发其工作积极性和创造力。例如，可以通过发放奖金、提供晋升机会等方式，给予辅导员相应的奖励和认可，鼓励其继续发挥优秀的工作表现。

三、团队协作型管理模式

（一）信息共享平台

通过创建团队协作平台，可以促进辅导员之间的信息共享和资源整合，加强团队的协作与交流。这种信息共享平台的建立不仅有助于提高工作效率和质量，还能够促进辅导员队伍的整体发展，推动学校的教育事业不断向前发展。辅导员可以通过平台发布工作信息、分享工作经验、交流学习心得等，促进工作之间的沟通和合作。例如，可以通过论坛、博客、微信群等形式，进行在线讨论和互动，解决工作中的问题和困难，分享工作中的收获和成果，推动辅导员队伍的共同进步。

辅导员可以通过平台共享教学资源、学生资料、教学案例等，充分利用团队内部的资源和优势，提高工作效率和质量。例如，可以建立资源共享库，收集整理各类教学资料和教学案例，为辅导员提供参考和借鉴，促进教学工作的优化和提升。辅导员可以通过平台了解其他部门的工作情况和需求，寻求合作机会和资源支持，推动跨部门的协作与合作。例如，可以建立跨部门的项目合作平台，促进教学、科研、学生工作等方面的深度融合，实现优势互补，推动学校整体发展。

（二）交流与合作会议

定期组织辅导员交流会议和工作座谈是促进高校辅导员队伍建设的有效方式。这些会议为辅导员提供了一个交流分享的平台，有助于加强团队内部的协作与合作，提高团队的凝聚力和执行力。通过这些交流与合作会议，辅导员能够分享工作经验和成果，解决工作中的问题和困难，推动整个队伍的发展和进步。定期组织辅导员交流会议和工作座谈有助于促进工作经验和成果的分享。在这些会议上，辅导员可以分享自己在教学、学生服务、学科建设等方面的工作经验和成果，介绍工作中的成功案例和创新做法。这种经验分享可以促进辅导员之间的相互学习和借鉴，激发工作的创新和改进，提高整个队伍的工作水平和质量。

在这些会议上，辅导员可以针对工作中遇到的问题和困难进行讨论和交流，共同探讨解决方案和对策。这种问题解决的过程不仅有助于及时解决工作中的难题，还能够增强团队的凝聚力和执行力，提高整个队伍的应变能力和工作效率。定期组织辅导员交流会议和工作座谈有助于加强团队内部的沟通和合作。这些会议为辅导员提供了一个相互交流和沟通的平台，有助于增进彼此之间的了解和信任，促进团队内部的合作与协作。通过加强团队内部的沟通和合作，可以提高团队的凝聚力和战斗力，更好地完成学校的教育教学任务和工作目标。

四、激励激励型管理模式

（一）奖励制度建设

建立奖励制度是高校辅导员队伍建设的重要组成部分。通过设立奖励制度，可以有效地表彰工作表现突出的辅导员，并提供相应的奖金、晋升机会等激励措施，从而激发辅导员的工作热情和创造力。这种奖励制度的建立不仅有助于提高辅导员队伍的整体工作积极性和效率，还能够推动学校的教育事业向前发展。设立奖励制度可以充分肯定和表彰工作表现突出的辅导员。通过建立明确的评选标准和程序，对工作成绩突出、表现优秀的辅导员进行公正、公平的评选，及时给予表彰和奖励。这种表彰制度不仅可以增强辅导员的自豪感和荣誉感，还能够激发其工作热情和干劲，进一步提高工作效率和质量。

通过设立奖金、晋升机会等实质性奖励，激励辅导员不断提升自身的工作能力和水平，积极参与教育教学改革和发展，推动整个队伍的进步和发展。这种激励机制可以有效地调动辅导员的工作积极性和创造力，提高队伍的整体素质和竞争力。通过公开、公正地评选表彰工作表现突出的辅导员，可以增强队伍内部的团结和合作意识，提高辅导员之间的相互信任和支持，形成良好的工作氛围和团队氛围。这种凝聚力和向心力有助于推动整个队伍朝着共同的目标努力，共同实现学校的发展和进步。

（二）项目参与激励

鼓励辅导员参与科研项目或教学改革项目是提升高校辅导员队伍整体素质和推动学校发展的重要举措。通过提供相应的支持和资源，激励辅导员积极参与科研项目或教学改革项目，可以促进团队的创新与发展，推动学校教育事业的进步。项目参与激励可以促进辅导员的专业发展和学术提升。参与科研项目或教学改革项目可以帮助辅导员不断拓展专业领域，提升学术水平和教学能力。通过参与项目，辅导员可以深入学科研究和教学实践，积累丰富的工作经验和成果，提高自身的专业水平和能力。

项目参与不仅可以为辅导员提供专业发展的机会，也可以为团队带来新的思路和方法。通过参与项目，辅导员可以与同行进行学术交流和合作，共同探讨解决问题的方案和策略，推动团队的创新和发展。项目参与激励可以提升学校的学术声誉和影响力。辅导员参与高水平的科研项目或教学改革项目，不仅可以提升学校的学术水平和教育质量，也可以增强学校的学术声誉和影响力。通过项目的成果和成就，学校可以在学术界和社会上树立良好的形象，吸引更多的优秀人才和资源，推动学校的发展和壮大。

五、监督督导型管理模式

（一）督导机制建立

通过设立专门的督导团队，定期对辅导员的工作进行检查和评估，可以及时发现问题并提出改进意见，确保工作符合学校的要求和标准。这种督导机制的建立不仅有助于提高辅导员队伍的整体工作质量，还能够促进学校教育事业的持续发展。通过设立专门的督导团队，可以对辅导员的工作进行有针对性的检查和评估，确保其工作符合学校的工作要求和标准。督导团队可以根据学校的工作规定和目标，制定相应的督导计划和评估标准，定期对辅导员的工作进行全面、客观的评估。

建立督导机制可以及时发现问题并提出改进意见。通过定期对辅导员的工作进行检查和评估，可以及时发现工作中存在的问题和不足之处。督导团队可以针对问题提出具体的改进意见和措施，帮助辅导员及时调整工作方法和提升工作能力，进一步提高工作质量和效率。通过定期的督导评估，可以对辅导员的工作进行全面、科学的评价，为其提供有效的指导和帮助，促进其不断提升工作水平和专业能力。这种持续的督导机制有助于激发辅导员的工作积极性和创造力，推动整个队伍的进步和发展。

（二）问题解决与支持

及时发现问题并提出改进意见，帮助辅导员解决工作中的困难，可以促进工作质量和水平的提升，保障团队的稳健运行。这种机制的建立不仅有助于提高辅导员队伍的整体工作效率和质量，还能够增强团队的凝聚力和执行力，推动学校教育事业的不断发展。建立问题解决与支持机制有助于及时发现工作中存在的问题并提出改进意见。通过建立定期的工作检查和评估机制，可以及时发现辅导员工作中的问题和不足之处。同时，通过建立畅通的沟通渠道和反馈机制，可以向辅导员及时传达问题，并提供相应的支持和帮助。这种及时的问题反馈和支持机制有助于帮助辅导员更好地发现问题并提出改进意见，进一步提高工作质量和水平。

在工作中，辅导员可能会遇到各种各样的困难和挑战，需要及时得到支持和帮助。通过建立支持机制，可以为辅导员提供相应的资源和支持，帮助其解决工作中的困难和问题。例如，可以提供专业培训、技术支持、人力资源等方面的支持，帮助辅导员克服工作中的困难，提高工作效率和质量。建立问题解决与支持机制还有助于促进团队的稳健运行。通过解决工作中存在的问题和困难，可以保障辅导员队伍的稳健运行，提高团队的整体工作效率和质量。同时，通过提供支持和帮助，可以增强团队的凝聚力和执行力，促进团队的协作与合作。这种稳健的团队运行机制有助于推动学校教育事业的不断发展和进步。

六、持续改进型管理模式

（一）反馈机制建立

通过建立反馈机制，学校能够定期听取辅导员的意见和建议，从而不断优化和完善管理模式，促进队伍的持续改进与发展。这种机制的建立不仅有助于增强辅导员的参与感和归属感，还能够提高管理的科学性和灵活性，推动学校教育事业的不断提升。

辅导员作为学校教育工作的重要组成部分，其工作体验和感受对于学校管理和改进至关重要。通过建立反馈机制，学校能够及时听取辅导员的意见和建议，了解他们在工作中遇到的问题和困难，从而更好地满足其工作需求，增强其对学校的认同感和归属感。

通过定期收集和分析辅导员的反馈意见，学校能够及时发现管理中存在的问题和不足，及时调整和改进管理措施，提高管理的科学性和有效性。同时，反馈机制也能够为学校管理提供更加灵活的运作模式，根据实际情况灵活调整管理策略，更好地适应教育领域的发展和变化。通过听取辅导员的意见和建议，学校能够及时发现工作中存在的问题和短板，及时采取措施加以解决和改进，从而不断提升辅导员队伍的整体素质和水平。这种持续改进的机制有助于推动队伍的持续发展，为学校的教育事业提供更加优质的服务和支持。

（二）创新支持鼓励

鼓励辅导员参与管理创新和改革实践是必不可少的。这种支持和鼓励不仅可以推动辅导员队伍建设不断向前发展，还能够使其更好地适应学校和社会的发展需求，提高工作质量和效率。鼓励辅导员参与管理创新和改革实践能够激发其工作的活力和创造力。辅导员作为学校管理的重要一员，其参与管理创新和改革实践是推动学校发展的关键因素之一。通过鼓励和支持辅导员提出新的管理理念、方法和措施，可以激发其工作的积极性和创造力，推动管理工作不断创新，提高管理效率和水平。

鼓励辅导员参与管理创新和改革实践有助于推动辅导员队伍建设向前发展。管理创新和改革实践是辅导员队伍建设的重要内容之一，也是提升队伍整体素质和能力的关键途径之一。通过鼓励辅导员参与管理创新和改革实践，可以促进队伍建设的深入开展，提高辅导员队伍的整体水平和竞争力。随着时代的发展和社会的变迁，学校管理面临着越来越多的挑战和问题。只有不断进行管理创新和改革实践，才能更好地适应学校和社会的发展需求，更好地满足教育教学的要求，推动学校事业的发展。

第三节　辅导员队伍建设的人才培养与选拔

一、高校辅导员队伍建设中的人才培养

（一）专业知识培养

在高校辅导员队伍建设中，专业知识培养是至关重要的一环。提供系统化的专业培训课程、定期举办专业研讨会和讲座、鼓励参加学术会议等举措，都有助于辅导员不断提升自身的专业素养和知识水平。通过这些课程，辅导员可以系统地学习心理学、教育学等相关领域的基础知识。这种培训有助于巩固和拓展辅导员的专业知识，提升其理论水平和实践能力，为其更好地开展工作奠定了坚实的基础。

定期举办专业研讨会和讲座是促进辅导员专业知识培养的有效途径。这些研讨会和讲座通常由专家学者主讲，内容涵盖最新的理论研究成果和实践经验。辅导员可以通过参加这些活动，了解最新的学术动态，拓展专业视野，深化对相关领域的理解和认识。鼓励辅导员参加行业内的学术会议和讨论也是提升其专业知识的重要方式之一。在这些学术会议上，辅导员有机会与同行进行交流与互动，分享工作经验、探讨问题、学习先进经验和理念。这种学术交流不仅可以拓展辅导员的知识面，还能够激发其学习和研究的热情，不断提高其专业水平和能力。

（二）心理辅导技能培养

提供系统化的培训、实践导向的教学方法以及实习机会，都有助于辅导员熟练掌握心理辅导技能，为其在实际工作中有效应对各种情况提供了必要的支持。提供系统化的心理辅导技能培训是关键的。这种培训应该涵盖沟通技巧、危机干预、情绪管理等方面的内容，帮助辅导员建立起有效的辅导技能体系。通过系统化的培训，辅导员可以了解心理辅导的理论基础和实践技巧，为其在日常工作中提供有效的支持和指导。

实践导向的教学方法也是培养心理辅导技能的有效途径。通过模拟案例、角色扮演等方式，辅导员可以在模拟情境中进行实践，锻炼自己的应对能力和技能水平。这种实践导向的教学方法可以帮助辅导员更加深入地理解心理辅导的实际应用，提高其

在实际工作中的执行能力。通过参与实际工作，辅导员可以在实践中不断积累经验，提升自己的心理辅导能力。实习或实践机会可以让辅导员直接接触到各种情况和案例，从而更好地应对实际工作中的挑战和问题。

（三）服务意识和专业素养培养

强调服务意识和专业素养，提供相关培训和案例分析等方式，可以帮助辅导员更好地理解学生需求，注重道德规范和职业操守的培养也是十分重要的。辅导员作为学校管理和服务的重要角色，其服务意识和专业素养直接关系到学生的学习和成长。因此，培养辅导员对学生的关怀和支持能力是至关重要的，可以通过定期的培训和讲座来强调这一点，引导辅导员树立正确的服务理念。

提供案例分析和情境模拟等培训是培养辅导员服务意识和专业素养的有效手段。通过案例分析，辅导员可以了解不同学生面临的问题和困难，从而更好地为他们提供帮助和支持。情境模拟可以让辅导员在模拟场景中体验实际工作中可能遇到的情况，提前准备应对策略，增强其应对复杂情况的能力。辅导员在工作中需要始终坚守职业道德，保持良好的职业操守和专业素养。通过加强道德教育和职业伦理的培训，强调辅导员的责任感和敬业精神，可以帮助他们树立正确的职业价值观，保持良好的工作状态和态度。

（四）领导与管理能力培养

在高校辅导员队伍建设中，领导与管理能力的培养至关重要。提供领导力与管理培训课程、组织项目管理实践、以及设立导师制度等举措，都有助于辅导员在领导与管理方面不断成长，提升其团队协作和管理能力。提供领导力与管理培训课程是培养辅导员领导与管理能力的关键。这些课程可以涵盖团队建设、冲突解决、项目管理等方面的内容，帮助辅导员掌握领导与管理的基本理论和实践技巧。通过系统化的培训，辅导员可以提升自身的领导能力和管理水平，更好地应对工作中的挑战和问题。

组织辅导员参与项目或活动的管理是培养其领导与管理能力的有效途径。通过参与项目管理实践，辅导员可以锻炼领导和协调能力，提高团队协作和执行能力。在项目管理过程中，辅导员不仅可以学习到实际管理经验，还能够与团队成员合作，共同解决问题，推动项目顺利完成。设立导师制度也是培养新任辅导员领导与管理能力的重要举措。通过导师制度，新任辅导员可以得到经验丰富的老师指导和支持，了解工作中的规章制度和操作流程，逐步成长为优秀的领导者。导师可以分享自己的经验和教训，指导新任辅导员如何处理工作中的各种情况，提高其工作效率和质量。

（五）跨学科能力培养

通过鼓励辅导员跨学科学习和合作、促进与其他学科领域的交流与合作、以及提供跨学科领域的培训和资源支持等举措，可以有效地培养辅导员的跨学科思维能力和综合解决问题的能力。通过跨学科学习，辅导员可以拓展自己的知识领域，增强对不同学科的理解和应用能力。同时，与其他学科领域的合作也可以促进辅导员之间的交流与互动，共同探讨问题、寻找解决方案，从而提升团队的综合素质和创新能力。

高校内部拥有众多学科专业，辅导员可以与其他学科的教师和专家进行交流与合作，共同开展跨学科的项目和研究活动。这种跨学科合作可以促进不同学科之间的知识交流和融合，拓展辅导员的视野，促进学术创新和成果转化。通过为辅导员提供相关的跨学科培训课程和资源支持，可以帮助他们系统地学习和掌握跨学科思维和方法。这些培训和资源可以包括跨学科研讨会、学术论坛、科研项目资助等，为辅导员提供更多的学习和交流机会，促进其跨学科能力的全面发展。

二、高校辅导员队伍建设中的人才选拔

在高校辅导员队伍建设中，人才选拔是至关重要的环节。通过科学的选拔标准和程序，可以选拔具有优秀素质和专业能力的辅导员，确保队伍的质量和稳定性。

（一）制定科学的选拔标准

在高校辅导员队伍建设中，制定科学的选拔标准是确保选拔工作公平、公正、客观的重要举措。这需要明确辅导员的基本条件，并制定详细的选拔标准和评价体系，以确保选拔过程的科学性和准确性。确定辅导员的基本条件是制定科学选拔标准的基础。这些基本条件可以包括教育背景、专业技能、工作经验等方面。例如，辅导员应该具备相关专业的学士或以上学位，具备一定的心理学或教育学知识，具备一定的工作经验或相关实践经验等。

制定详细的选拔标准和评价体系是确保选拔工作公平、公正、客观的关键。在制定选拔标准时，应该明确各项指标的权重和评分标准，以便对候选人进行全面、客观

的评价。例如，可以将教育背景、专业技能、工作经验等不同方面的指标分配不同的权重，根据候选人在每个指标上的表现进行评分。在制定评价体系时，还应该考虑到选拔过程中可能出现的各种情况和因素，确保评价体系的全面性和公正性。评价体系可以包括笔试、面试、综合评估等多种方式，以全面、多角度地了解候选人的能力和素质。

（二）设计科学的选拔程序

在高校辅导员队伍建设中，设计科学的选拔程序至关重要。这涉及确定选拔程序的流程和时间安排，设立选拔委员会或专家组等方面，旨在确保选拔活动的顺利进行和结果的公正评定。招聘公告的发布、简历筛选、笔试或面试等环节应当按照一定的时间顺序进行，确保整个选拔过程的有序进行。招聘公告的内容应当明确具体，包括职位要求、薪酬待遇、申请材料等，以便吸引到合适的应聘者。同时，制定详细的时间安排，包括各个环节的开始和结束时间，以确保选拔活动按时进行，不拖延时间。

选拔委员会或专家组应当由相关部门的专业人士和资深教职工组成，具有丰富的经验和专业知识。他们负责组织和管理选拔活动，包括制定选拔方案、组织面试、评定评分等，确保选拔过程的顺利进行和结果的公正评定。选拔委员会或专家组应当严格遵守选拔程序，保持公正客观，不偏袒任何一方。选拔程序应当设立相应的监督机制，确保选拔活动的公平公正。监督机制可以包括内部监督和外部监督两种形式。内部监督主要由选拔委员会或专家组内部成员相互监督，确保选拔活动的公正进行。外部监督可以由学校其他相关部门或外部专家进行，对选拔活动进行监督和评估，保证选拔结果的真实可信。

（三）强调综合素质和能力

在高校辅导员队伍建设中，强调候选人的综合素质和能力是选拔工作中的重要考量因素。除了专业知识和技能外，候选人的沟通能力、团队合作能力、解决问题的能力等综合素质和能力同样至关重要。通过面试等环节，综合考察候选人的综合素质和能力，以确定其是否适合担任辅导员岗位。辅导员需要与学生、教职工以及家长进行有效沟通，了解他们的需求和问题，并提供合适的帮助和支持。因此，候选人应具备良好的口头表达能力和倾听能力，能够清晰准确地表达观点，理解并回应他人的需求。

在学校环境中，辅导员通常是一个团队的一部分，需要与其他辅导员、教师以及学校管理人员合作，共同完成各项工作任务。因此，候选人应具备良好的团队合作能力，能够与他人协调合作，共同实现团队的目标。辅导员需要面对各种复杂的情况和问题，如学生心理健康问题、学习困难等，需要能够迅速准确地分析问题、制定解决方案，并有效地解决问题。因此，候选人应具备良好的问题分析能力和解决问题的能力，能够在面对挑战时保持冷静和应对自如。

(四) 建立评估反馈机制

评估反馈机制的建立有助于收集候选人的表现和反馈意见，为选拔结果的制定提供客观依据，并确保选拔过程的透明和公开。评估反馈机制的建立旨在及时收集候选人的表现和反馈意见。在选拔过程中，应设立专门的评估团队或委员会，负责收集、整理和分析候选人的表现数据和评价意见。这些数据和意见可以来自于面试评分、答题情况、评委评语以及其他相关资料，以全面客观地了解候选人的能力和表现。

评估反馈机制应对选拔结果进行公示和通报。在选拔结束后，应及时公布选拔结果，并向所有参与选拔的候选人和相关人员通报结果。这样做不仅可以确保选拔过程的透明和公开，还可以增强候选人对选拔结果的信任和认可，提高选拔活动的公信力和合法性。评估反馈机制还应向候选人及时反馈选拔结果和意见。除了公示选拔结果外，还应向每位候选人提供详细的个人评估报告，包括其在面试中的表现优势和不足之处，以及评委提出的改进意见和建议。这样的个性化反馈可以帮助候选人了解自身的优劣势，为今后的个人发展提供有益参考。

(五) 不断优化完善选拔制度

不断优化完善选拔制度是确保高校辅导员队伍建设的持续健康发展的关键。通过定期评估和改进选拔制度，根据实际情况和反馈意见，及时调整和完善选拔标准和程序，可以提高选拔工作的科学性和有效性。定期评估选拔制度是优化完善选拔工作的基础。高校应该建立起定期的评估机制，对选拔制度的实施效果进行定期评估。评估内容可以包括选拔过程的公平性、公正性、透明度，以及选拔结果的质量和准确性等方面。通过评估结果，发现问题和不足，及时调整和完善选拔制度，提高选拔工作的科学性和有效性。

应该设立专门的反馈渠道，听取各方意见和建议，包括候选人、评委、管理人员等相关方面的意见和建议。通过收集和分析各方反馈意见，了解他们对选拔制度的看法和评价，发现制度存在的问题和不足，从而有针对性地进行调整和改进。根据实际情况和需求，及时调整和完善选拔标准和程序，是优化选拔制度的重要举措。选拔标准和程序应该是灵活和可调整的，能够根据不同时期和不同情况进行调整和改进。例如，根据高校辅导员队伍建设的需求和发展方向，调整选拔标准，更加符合实际需要；针对选拔过程中出现的问题和困难，及时调整选拔程序，提高选拔工作的效率和质量。

第四节 辅导员队伍建设的激励与考核机制

一、高校辅导员队伍激励机制的建设

（一）设立奖励制度

在高校辅导员队伍建设中，设立奖励制度是激励辅导员积极工作的关键一环。设立奖励制度是为了激励辅导员的工作热情和创造力。确定奖励对象和奖励标准至关重要。这需要根据辅导员的工作性质和职责，制定明确的奖励对象，如优秀的教学工作、学生指导工作、科研成果、社会服务等方面的突出表现。同时，设立清晰的奖励标准，明确各项指标的评定标准和权重，以确保奖励的公平公正。

奖励形式应该多样化，并根据不同的工作表现进行差异化奖励。荣誉称号是一种常见的奖励形式，如"优秀辅导员"、"教学能手"等称号可以有效地表彰辅导员的优秀工作表现。此外，奖金也是一种常见的奖励方式，可以作为直接的物质激励，激发辅导员的工作积极性。职称晋升则是一种长期的奖励机制，对于在工作岗位上表现突出的辅导员来说，晋升为高一级职称不仅是对其工作的认可，也是对其职业生涯的重要提升。

奖励制度的建立需要与实际情况相结合，具有一定的灵活性。不同高校、不同学科领域的辅导员工作性质和工作重点有所差异，因此奖励制度应当考虑到这些差异，制定相应的奖励政策和标准。同时，应当建立健全的奖励评定机制和程序，确保奖励的公平、公正和透明。

（二）提供晋升机会

提供晋升机会是高校辅导员队伍建设中的重要举措，它不仅能够激励辅导员积极进取，还可以提升整个队伍的专业水平和工作质量。设立晋升通道是为了为辅导员提供一个可持续发展的职业路径。晋升通道应当明确、透明，让辅导员清晰地了解如何通过自身的努力和能力获得晋升的机会。这种透明度和可预期性能够激励辅导员不断学习、提升自己的能力。

鼓励辅导员通过不断学习和成长提升自身能力和水平是晋升机会的核心。高校应该提供各类培训、学习资源和发展机会，让辅导员能够不断地充实自己的知识和技能，提高专业水平和工作能力。这种持续的学习和成长能够为辅导员的晋升打下坚实的基础。晋升机会应当根据辅导员的工作表现和职业发展需求进行制定。制定晋升条件和评定标准时，应该综合考虑辅导员的工作成绩、教学效果、学术研究成果、专业技能等方面的表现，并根据不同岗位的特点和需求进行相应的评定。这样能够确保晋升机会的公平公正性，让辅导员感到自己的努力和付出得到了公平的回报。

为辅导员提供晋升机会不仅能够激励其个人的成长和发展，也可以提升整个高校辅导员队伍的整体素质和水平。辅导员的晋升代表着队伍的进步和发展，能够带动更多辅导员的积极性，促进整个队伍的持续壮大和提升。

（三）工作成果分享和表彰

在高校辅导员队伍建设中，工作成果分享和表彰是一项非常重要的举措，它有助于激励辅导员的工作积极性，提高整个队伍的工作水平和凝聚力。定期组织工作成果分享会或表彰活动是必不可少的。这种活动为辅导员们提供了一个展示自己工作成果的平台，可以让他们分享自己的成功经验和教训，互相学习、借鉴，提升工作水平。同时，通过这种方式，也能够让整个团队更加了解彼此的工作内容和工作成果，增进团队之间的合作和交流。

工作成果的表彰是对辅导员工作的一种肯定和激励。通过表彰优秀的工作成果，可以让辅导员感受到自己的努力和付出得到了认可，增强其工作的成就感和荣誉感，进而激发其更高水平的工作热情和动力。同时，这种表彰也可以起到示范作用，激励其他辅导员积极工作，促进整个队伍的工作水平的提升。工作成果分享和表彰活动应该具有一定的规模和影响力。可以通过举办大型的成果展示会、颁奖典礼等形式，将优秀的工作成果展示给更广泛的观众，提升活动的影响力和感受度。同时，也可以通过媒体宣传、校园广播等方式，将表彰活动的信息传播给更多的人，使更多人了解和认可辅导员的工作成果。

工作成果分享和表彰活动应该是持续性的。只有通过持续不断地组织这样的活动，才能够真正地激发辅导员的工作热情，提高整个队伍的工作水平。因此，学校应该将这样的活动纳入到常态化的工作中，定期举办，确保其持续有效地开展。

（四）建立竞争机制

建立竞争机制是高校辅导员队伍建设中的一项重要举措，它能够有效地激发辅导员之间的竞争意识和工作动力，推动整个队伍的持续发展。竞争机制的建立可以促进辅导员之间的积极竞争意识。通过设立各种竞赛或评比活动，如年度最佳辅导员奖、优秀工作成果展示等，可以激发辅导员们的竞争激情，让他们更加努力地工作，力争在工作中取得更好的成绩和表现。

竞争机制能够推动辅导员不断提升工作水平和专业能力。在竞争激励的作用下，辅导员们会更加注重自身的专业素养和工作能力的提升，不断学习、积累经验，努力提高自己的竞争力和工作水平，从而为队伍的整体发展做出更大的贡献。竞争机制还可以促进个人与团队的共同发展。在竞争中取得优异成绩的辅导员将成为团队的表率和榜样，他们的成功经验和优秀做法将会对整个队伍产生示范和引领作用，推动队伍的共同进步和发展。

建立竞争机制需要注意激励的合理性和公平性。竞争机制应该建立在科学的评价体系和公正的评选程序之上，确保评选结果的客观、公正和公平。同时，竞争机制也应该注重激励的多样性，兼顾个人奖励和团队荣誉，让每一位辅导员都能够在竞争中感受到公平和公正。

（五）定期绩效评估与奖惩机制

定期绩效评估与奖惩机制是高校辅导员队伍建设中的重要环节，它通过科学的评估和明确的奖惩措施，促进辅导员工作效率和质量的提升。建立科学的绩效考核指标体系是确保评估有效性的基础。这个指标体系应该包括多方面的评估指标，如教学效果、学生满意度、工作态度等，以全面客观地评价辅导员的工作表现。这样的指标体系不仅能够反映辅导员的工作成绩，也能够帮助辅导员更好地了解自己的工作优势和不足之处。

定期对辅导员的工作进行评估是保证绩效评估机制有效运行的关键。通过制定明确的评估周期和评估流程，确保评估工作的及时性和有效性。这样可以及时发现问题，为后续的奖惩措施提供可靠的数据支持。根据评估结果制定奖惩措施是绩效评估机制的核心内容。对于表现优秀的辅导员，可以给予奖励，如荣誉称号、奖金、晋升机会等，以激励其继续保持良好的工作状态。而对于表现不佳的辅导员，则需要提出改进要求，并根据具体情况给予相应的惩罚或辅导措施，促使其提高工作水平。

绩效评估与奖惩机制的落实需要保证公平、公正、透明。评估标准和程序应该公开透明，确保评估结果的客观性和公正性。同时，评估过程中要注重辅导员的参与和反馈，让其了解评估标准和流程，增强评估的可信度和公信力。

二、高校辅导员队伍考核机制的建设

（一）制定科学的考核指标体系

制定科学的考核指标体系是提高辅导员工作质量和效率的关键。这个指标体系必须是全面的，具体的，可量化的，以便于全面评估辅导员的工作表现。这个指标体系应该涵盖多个方面，包括但不限于教学效果、学生满意度、工作成果等，以确保辅导员的工作能够全面、客观地被评估。教学效果是衡量辅导员工作的重要指标之一。这包括学生的学习成绩、知识掌握程度以及对课程内容的理解程度。通过对学生学习成绩的分析和考核，可以评估辅导员在教学方面的表现，并对其进行定量评价。

学生满意度也是评估辅导员工作的重要指标。学生满意度反映了学生对辅导员教学方法、沟通能力、服务态度等方面的满意程度。通过定期进行学生满意度调查，并收集学生的反馈意见，可以客观地评估辅导员的工作表现，并及时发现存在的问题。工作成果包括科研成果、教学成果以及社会服务成果等方面。通过评估辅导员在科研、教学和社会服务方面的成果，可以客观地评价其在学术和教育领域的贡献。

除了以上几个方面，还应该考虑到辅导员的绩效考核、师德师风等方面。绩效考核可以通过评估辅导员的工作态度、工作效率以及团队合作能力来进行。而师德师风则是评估辅导员是否遵守职业道德、是否以身作则，对学生起到了良好的示范作用。

（二）明确考核程序和周期

确立透明的考核程序和周期对于辅导员的工作评估至关重要。这意味着需要规定考核的时间安排、流程、具体操作步骤，以及对考核结果的反馈和应对措施等，以确保考核工作的顺利进行和结果的有效利用。只有通过明确的考核程序和周期，才能够建立起一个公正、客观的辅导员评价体系。考核的时间安排应该是有规定的。这包括确定考核的频率和时间点。考核的频率可以是每学期、每学年或者每两年一次，具体根据实际情况来定。考核的时间点应该是在学期末或者学年末，以便于对辅导员一年的工作进行全面评估。

考核流程包括评定考核标准、收集评价数据、组织评审会议、形成评价报告等。这些流程应该在考核开始之前就已经确定，并且要确保每个环节都能够顺利进行，以便于最终形成客观准确的评价结果。考具体操作步骤包括确定评价指标、制定评价问卷、开展评价调查、收集评价数据、对数据进行统计分析等。这些步骤应该在考核开始之前就已经明确，并且要确保每个步骤都能够按照规定的程序进行，以保证评价结果的客观性和准确性。

考核结果应该及时向辅导员反馈，并提出改进意见和建议。同时，对于表现优秀的辅导员，应该给予及时的肯定和奖励，激励其继续努力工作。对于表现不佳的辅导员，则应该及时提出批评和改进要求，并给予相应的指导和支持，以帮助其改进工作表现。

（三）多元化考核方法

通过采用多元化的考核方法，可以从不同角度全面了解辅导员的工作表现，避免单一指标带来的片面性和误导性，为辅导员的进一步提升提供更有针对性的建议和支持。定量指标可以通过学生成绩、课程完成率、学生评教等方面来体现。通过对这些数据进行统计分析，可以客观地评估辅导员在教学效果、学生满意度等方面的表现，并进行量化评价。

定性指标可以包括辅导员的教学方法、师德师风、团队合作能力等方面。通过实地考察，可以直观地观察到辅导员的工作状态和工作效果，从而更加全面地评估其工作表现。通过与学生、同事、上级领导等进行定期的访谈调研，可以收集到各方对辅导员工作的意见和建议，从而更加全面地了解其工作表现，并及时发现存在的问题和不足之处。此外，还可以采用360度评价等方式来进一步丰富考核方法。360度评价是指从多个角度对辅导员进行评价，包括学生、同事、上级领导等多个方面。通过这种方式，可以获取到更加全面和客观的评价结果，为辅导员的进一步发展提供更加有针对性的建议和支持。

(四) 建立评估团队或委员会

评估团队或委员会应该由具有相关专业知识和经验的专家学者组成，他们能够对辅导员的工作进行客观公正的评价。成立评估团队或委员会不仅可以提高评价的专业性和权威性，还可以减少评价中的主观偏见，从而更加有效地促进辅导员的专业发展和工作提升。评估团队或委员会的成员应该具有相关专业知识和经验。这些成员可以包括教育学专家、心理学专家、教育管理专家等，他们对于教育教学领域有着深入的研究和了解，能够对辅导员的工作进行客观全面的评价。同时，评估团队或委员会的成员还应该具有一定的工作经验和实践经验，能够从实际工作中理解和把握辅导员的工作情况。

评估团队或委员会的成员应该独立于被评价的辅导员和其所在的单位，能够客观公正地进行评价工作。同时，评估团队或委员会应该具有一定的权威性，能够对评价结果进行认可和采纳，从而确保评价工作的有效性和可信度。评估团队或委员会应该建立起科学的评价体系和评价标准。评估团队或委员会应该明确评价的指标和标准，确保评价工作的科学性和客观性。同时，评估团队或委员会还应该不断完善评价体系和评价标准，根据实际情况进行调整和优化，确保评价工作的及时性和准确性。评估团队或委员会应该建立起有效的反馈机制和改进机制。评估团队或委员会应该及时将评价结果反馈给被评价的辅导员和其所在的单位，并提出改进意见和建议。同时，评估团队或委员会还应该跟踪评价结果的落实情况，及时对评价体系和评价标准进行调整和改进，以确保评价工作的持续性和有效性。

(五) 建立反馈机制和改进措施

通过及时将考核结果反馈给辅导员，并制定相应的改进措施和培训计划，可以帮助辅导员不断提升工作水平，提高工作效率和质量。建立良好的反馈机制，能够使辅导员及时发现问题并加以改进，从而更好地适应教育教学的需求，为学生提供更好的服务和指导。及时的反馈可以帮助辅导员了解自己的工作表现，认清自身的不足之处，从而有针对性地进行改进。同时，及时的反馈也能够增强辅导员的工作动力和责任感，激发其积极性，促进工作的持续改进和提升。

改进措施可以根据评估结果和反馈意见来确定，包括针对性的教学方法改进、师德师风提升、工作效率优化等方面。同时，还可以通过开展相关培训和学习活动，提升辅导员的专业水平和教育教学能力，帮助其更好地应对工作挑战和需求。反馈机制包括建立起学生评教、同行评议、上级评价等多方位的反馈渠道，为辅导员提供全面、多角度的评价意见和建议。同时，还应该建立起定期反馈的机制，确保辅导员能够及时获取到反馈信息，并及时进行改进和调整。改进工作不是一蹴而就的，而是一个持续不断的过程。因此，应该倡导并营造出一个积极向上、勇于创新的工作氛围，鼓励辅导员不断探索和实践，不断完善和提升自己的工作水平，为学生的成长和发展做出更大的贡献。

（六）奖惩机制的建立

通过奖惩机制，可以有效地激励和促使辅导员提高工作水平，推动教育教学工作的持续发展。对于工作表现优秀的辅导员，应该给予适当的奖励和表彰，以示鼓励和肯定；而对于工作表现不佳的辅导员，则应该采取相应的惩罚措施或提出改进要求，促使其提高工作水平，确保教育教学工作的质量和效率。对工作表现优秀的辅导员应该给予适当的奖励和表彰。奖励和表彰可以包括荣誉称号、奖金、晋升机会、学术交流机会等方面。这些奖励和表彰可以激励辅导员保持良好状态，进一步提高工作热情和积极性，促进教育教学工作的不断进步和发展。

对工作表现不佳的辅导员应该采取相应的惩罚措施或提出改进要求。惩罚措施可以包括降职、停薪留职、调岗、培训补救等方面。这些惩罚措施可以警示和教育辅导员，促使其认识到自身存在的问题和不足之处，并积极主动地进行改进和提高。建立奖惩机制还需要明确相关的评定标准和程序。评定标准应该清晰明确，能够客观公正地评价辅导员的工作表现。评定程序应该公开透明，确保评价结果的公正性和可信度。只有通过建立起科学合理的评定标准和程序，才能够有效地实施奖惩机制，促进辅导员的工作水平和素质不断提高。

通过加强培训和指导，可以帮助辅导员不断提高工作水平和专业素质，避免出现工作不足或失误的情况，从而减少奖惩的发生。同时，还可以加强对辅导员的心理疏导和职业发展指导，提高其对工作的认同感和责任感，从而更好地投入到教育教学工作中去。

第四章 高校辅导员队伍建设的实践探索

第一节 高校辅导员队伍建设的成功经验分享

一、专业化培训和发展计划

在高校辅导员队伍建设中，专业化的培训计划应该覆盖多个方面，包括教学技能、心理辅导、团队合作等，旨在提高辅导员的专业水平和知识储备。此外，还应该提供持续的职业发展机会，例如参与学术研讨会、教学研究项目等，以不断提升辅导员的能力和素质。辅导员作为学生的重要指导者，其教学水平直接关系到学生的学习效果和成长。因此，培训计划可以包括教学方法、课堂管理、教学设计等方面的培训内容，帮助辅导员提高教学水平和教学效果。

辅导员需要具备一定的心理学知识和辅导技巧，能够有效地帮助学生解决心理问题和困扰。因此，培训计划可以包括心理辅导理论和技巧的学习，以提高辅导员在心理辅导方面的专业水平和能力。辅导员通常需要与其他教师、行政人员等进行密切合作，共同完成学校的教育教学任务。因此，培训计划可以包括团队建设、沟通技巧、冲突管理等方面的培训内容，以提高辅导员的团队合作能力和协作效率。

除了基础的培训内容外，还应该提供持续的职业发展机会，以帮助辅导员不断提升自身能力和素质。例如，可以鼓励辅导员参与学术研讨会、教学研究项目、教育培训课程等，以拓展专业视野、增长知识见识，并与同行进行交流和互动，不断提高自身的学术水平和教学能力。

二、建立健全的评价体系

在高校辅导员队伍建设中，健全的评价体系应该包括制定科学合理的考核指标体系、建立透明公正的考核程序和周期，以全面客观地评估辅导员的工作表现，确保评价的公正性和准确性。制定科学合理的考核指标体系是建立健全评价体系的基础。这个指标体系应该既包括定量指标，如学生满意度调查结果、学业成绩提升情况等，也包括定性指标，如教学方法是否得当、师德师风是否良好等。通过综合考量这些指标，可以更全面地评估辅导员的工作表现，避免单一指标带来的片面性和误导性。

建立透明公正的考核程序和周期是保证评价体系有效运行的关键。考核程序应该明确规定评定标准、数据收集方式、评估流程等，以确保评价的公正性和准确性。考核周期应该合理安排，确保评价能够覆盖辅导员的工作全过程，同时避免评价过于频繁或间隔过长，影响评价结果的有效性。建立起多方参与、多角度评价的机制也是评价体系的重要组成部分。除了学生的评价外，还应该包括同行评议、上级评价等多个方面的评价内容，以获取更全面、客观的评价结果。同时，还可以通过开展定期的评估会议或听证会等形式，让辅导员和评价者进行沟通和交流，确保评价过程的公开透明。

评价结果应该及时反馈给辅导员，提出改进意见和建议。同时，还应该建立起相应的奖惩机制，对表现优秀的辅导员给予适当的奖励和表彰，激励其继续保持良好状态；对表现不佳的辅导员则应该采取相应的惩罚措施或提出改进要求，促使其提高工作水平。

三、多元化的工作职责

在高校辅导员队伍建设中，辅导员的工作职责不仅限于学业辅导，还应该包括心理健康指导、学生活动组织、就业指导等多方面工作，以满足学生全面成长的需求。同时，应该鼓励辅导员参与学校管理和决策，提升其在校园中的影响力和参与度。拓展辅导员的工作职责可以更好地满足学生全面成长的需求。除了传统的学业辅导外，辅导员还可以提供心理健康指导，帮助学生解决心理问题和困扰；组织学生活动，丰富学生的课余生活，促进学生的综合素质发展；开展就业指导，帮助学生规划职业生涯，提高就业竞争力。这样的多元化工作职责可以更全面地关注学生的成长和发展，提升辅导员在学生中的影响力和作用。

鼓励辅导员参与学校管理和决策，有助于提升其在校园中的影响力和参与度。辅导员作为学校中重要的一员，应该积极参与学校的管理和决策，为学校的发展和建设贡献智慧和力量。通过参与学校管理和决策，辅导员不仅可以更深入地了解学校的发展方向和需求，还可以与其他部门和人员进行更广泛的合作和交流，提升自身的综合素质和能力。拓展辅导员的工作职责和提升其在校园中的影响力，还需要建立起相应的支持机制和激励机制。学校可以通过制定相关政策和措施，鼓励和支持辅导员开展多元化的工作，提升其工作积极性和创造力；同时，还可以通过表彰先进，激励辅导员积极参与学校管理和决策，提升其在校园中的影响力和地位。

四、建立良好的团队合作氛围

通过鼓励辅导员之间互相合作、交流经验和分享资源，可以形成良好的合作氛围，提升团队整体的工作效率和质量。同时，建立起团队建设和团队激励机制，能够激发团队成员的工作热情和创造力，进一步推动团队的发展和壮大。鼓励辅导员之间互相合作、交流经验和分享资源是建立良好团队合作氛围的重要手段之一。团队成员可以通过合作项目、共同研究等方式，共同完成任务，分享经验和资源，从而促进团队内部的交流和互动。这种合作方式不仅可以提高工作效率，还可以促进团队成员之间的相互学习和提升。

团队建设可以通过定期组织团队活动、开展团队培训等方式，增强团队凝聚力和向心力，形成团队共同的价值观和文化。团队激励机制可以通过制定奖励机制、表彰先进、提供晋升机会等方式，激发团队成员的工作热情和创造力，提高团队整体的工作效率和质量。团队成员之间应该建立起开放、坦诚的沟通渠道，及时沟通和解决工作中的问题和困难，避免因沟通不畅导致的误解和冲突。同时，还应该建立起团队会议、团队分享等形式，促进团队成员之间的交流和互动，增进团队合作的默契和协调性。

领导者的示范和引导也是建立良好团队合作氛围的重要因素。领导者应该身体力行，以身作则，积极参与团队合作，树立榜样，激励团队成员的工作热情和创造力。同时，领导者还应该及时给予团队成员支持和鼓励，激发其工作潜力，推动团队的发展和壮大。

五、注重辅导员的心理健康和职业发展

提供心理健康服务和支持机制，能够帮助辅导员应对工作压力和挑战，保持身心

健康。而提供个性化的职业发展指导和支持，则有助于辅导员实现个人职业目标和成长，更好地适应职业发展的需要。辅导员作为学生的心理支持者，常常承受着学生情绪压力和心理困扰。因此，学校可以建立心理健康服务中心或提供专业心理咨询师，为辅导员提供专业的心理咨询和支持。此外，还可以举办心理健康讲座、开展心理健康培训等活动，增强辅导员的心理健康意识，帮助其有效应对工作压力和挑战。

每个辅导员都有自己的职业发展目标和需求，因此，学校可以根据辅导员的个性和特点，提供个性化的职业发展指导和支持。这包括制定个人职业发展规划、安排职业发展培训课程、提供职业导师指导等方式，帮助辅导员明确职业目标和规划职业发展路径，实现个人职业目标和成长。学校还可以建立起团队建设和团队支持机制，营造良好的工作氛围和团队文化。团队成员之间可以相互支持和鼓励，共同分享工作经验和资源，形成良好的合作氛围和互助机制。通过团队建设和团队支持，可以增强辅导员的归属感和工作满意度，促进其个人职业发展和成长。

领导者的关心和关注也是关爱辅导员的重要体现。领导者可以定期与辅导员进行沟通和交流，了解其工作和生活情况，及时发现问题并给予帮助和支持。同时，领导者还可以制定相关政策和措施，提高辅导员的福利待遇和工作条件，进一步关爱和支持辅导员的工作和生活。

第二节　高校辅导员队伍建设的创新实践

一、引入新技术和工具

在高校辅导员队伍建设中，引入新技术和工具是一项至关重要的创新实践。通过利用新技术和工具，如智能化辅助工具、在线学习平台等，可以显著提升辅导员的工作效率和服务质量。同时，推广使用在线辅导平台和社交媒体等工具，也能够拓展辅导员的服务范围，满足学生多样化的需求。引入智能化辅助工具和在线学习平台等新技术，可以为辅导员的工作提供更多的便利和支持。智能化辅助工具可以帮助辅导员进行学生信息管理、教学资源整理、课程设计等工作，节省大量的时间和精力。在线学习平台则可以为辅导员提供更多的教学资源和工具，丰富教学内容，提高教学效果。

推广使用在线辅导平台和社交媒体等工具，可以拓展辅导员的服务范围，满足学生多样化的需求。通过在线辅导平台，学生可以随时随地获取到辅导员的帮助和指导，提高了辅导服务的时效性和便利性。而通过社交媒体等工具，辅导员可以与学生建立更加轻松和亲近的沟通渠道，增强了学生对辅导员的信任和依赖。引入新技术和工具也可以为辅导员队伍建设提供更多的发展机遇和挑战。随着科技的不断发展和创新，新技术和工具的应用领域也在不断扩大和深化。辅导员可以通过学习和掌握新技术和工具，提升自身的专业水平和竞争力，适应时代发展的需要。

二、开展跨学科合作

开展跨学科合作是高校辅导员队伍建设中一项具有前瞻性和创新性的实践。通过与其他学科领域进行合作，可以开展跨学科的教学和研究项目，为学生提供更丰富的学术资源和支持。特别是与心理学、社会工作等专业进行合作，共同解决学生心理健康和社会适应等方面的问题，具有重要的意义和价值。通过与其他学科领域进行合作，辅导员可以将不同学科的知识和理念融入到教学中，为学生提供更加丰富和多样化的学术体验。比如，在心理学领域的合作中，可以将心理健康知识融入到辅导员的教学和辅导工作中，帮助学生更好地理解和应对心理问题。

不同学科领域的交叉合作，往往会产生新的思想和方法，促进教学和研究的创新与发展。比如，与社会工作专业进行合作，可以探索更加有效的社会适应方案，帮助学生更好地适应社会生活和发展。跨学科合作还可以促进学科之间的交流与融合，拓展教育教学的视野和边界。通过与其他学科领域进行合作，辅导员可以更好地了解其他学科的教学和研究特点，借鉴其优秀经验和做法，提升自身的教学水平和服务质量。同时，也可以促进不同学科之间的交流与融合，形成多元化、综合化的教育教学体系。

跨学科合作还可以加强学校与社会的联系与互动，推动校外资源的共享和利用。通过与社会工作、心理学等专业进行合作，辅导员可以借助外部资源和专业机构，为学生提供更加全面和专业化的服务。同时，也可以促进学校与社会的联系与互动，推动教育教学工作的深入发展。

三、建立线上资源共享平台

通过这样的平台，辅导员可以分享教学资源、案例分析、经验交流等内容，促进辅导员之间的互动和学习。同时，利用线上平台开展在线培训和研讨会，也能够提高辅导员的专业水平和教学能力。建立线上资源共享平台有利于促进辅导员之间的交流与合作。在这个平台上，辅导员可以分享自己的教学资源、案例分析、教学经验等，与其他辅导员进行交流和互动。这种信息共享和互动可以促进辅导员之间的学习和成长，提升整个队伍的教学水平和服务质量。

利用线上平台开展在线培训和研讨会，可以为辅导员提供更多的学习机会和培训资源。通过这样的平台，可以邀请专家学者或行业内的权威人士进行在线讲座和培训，分享最新的教学理念、方法和技术。同时，也可以组织辅导员之间的在线研讨会，讨论教学中的难点和热点问题，共同探讨解决方案。建立线上资源共享平台还可以促进教学资源的共建共享，提高教学资源的利用效率和质量。在这个平台上，辅导员可以上传自己制作的教学课件、教学案例等资源，供其他辅导员参考和借鉴。这样一来，可以有效地避免教学资源的重复制作，节约时间和人力成本，提高教学资源的质量和效益。

线上资源共享平台还可以促进辅导员队伍的专业化和规范化建设。通过这样的平台，可以建立起教学资源的标准化和规范化管理机制，确保教学资源的质量和合理性。同时，还可以推广先进的教学理念和方法，促进辅导员队伍的专业化水平和教学能力。

四、开展项目化教学和服务

通过创新教学模式，引入项目化教学和服务，可以让学生参与实践项目，培养其实际操作能力和团队合作精神。开展社会实践项目、创新创业项目等，为学生提供更多的实践机会和创新平台，促进其全面发展。项目化教学和服务能够激发学生的学习兴趣和动力。与传统的课堂教学相比，项目化教学更注重学生的主动参与和实践操作，能够激发学生的学习兴趣，提高其学习动力和积极性。通过参与实践项目，学生能够将课堂学到的知识与实际情况相结合，增强学习的实效性和深度。

项目化教学和服务有助于培养学生的实际操作能力和团队合作精神。在项目化教学中，学生需要通过实际操作来完成项目任务，这有助于培养其动手能力和实践能力。同时，项目化教学通常需要学生进行团队合作，培养学生的团队意识和合作精神，提高其协作能力和沟通能力。开展社会实践项目、创新创业项目等，可以为学生提供更多的实践机会和创新平台。通过参与社会实践项目，学生可以接触到真实的社会环境和问题，增强其社会适应能力和实践能力。而创新创业项目则能够激发学生的创新意识和创业精神，培养其创新能力和创造力，为其未来的发展打下坚实的基础。

项目化教学和服务也有助于促进教师的教学改革和创新。通过引入项目化教学，教师需要根据项目需求设计教学内容和任务，这有助于教师加强教学设计和实践能力，促进其教学理念和方法的创新和改进。同时，项目化教学也能够促进教师之间的教学经验交流和共享，推动教学工作的不断发展和提升。

五、推动教研活动

通过组织开展教研活动，如教学研讨会、课题研究等，可以促进辅导员之间的交流和合作，进而提升教学质量和水平。建立教研团队，则是汇聚辅导员的智慧和力量，共同探讨教育教学的创新和发展的有效途径。通过组织各类教研活动，如教学研讨会、座谈会等，辅导员可以分享教学经验、教学方法和教学心得，从中获得启发和收获。这种交流和学习的过程，有助于辅导员发现问题、解决问题，提高教学水平和质量。

在教研活动中，辅导员可以结合自身的专业特长和教学需求，进行合作研究、课题攻关等。这种合作与共享不仅有助于提高教学效果，还可以推动教学改革和创新，促进教育教学工作的发展。通过建立教研团队，可以将辅导员们有组织、有计划地纳入教研活动中来。团队成员可以根据各自的专业领域和兴趣爱好，选择研究方向和课题，共同制定研究计划和目标，开展深入的教研工作。这种团队合作模式，不仅可以充分发挥团队成员的智慧和力量，还可以提高教研活动的效率和质量。

通过参与教研活动，辅导员可以不断学习和更新教育理念、教学方法和教学技术，提升自身的教学能力和水平。同时，还可以培养辅导员的创新意识和实践能力，推动教学工作的创新和发展。

六、开展国际交流与合作

通过开展国际学术交流与合作，可以邀请国外专家学者来校交流讲学，拓展辅导员的国际视野和学术影响力。同时，积极参与国际学术组织和项目合作，有助于促进教育教学理念和经验的交流与分享。开展国际学术交流与合作有助于拓展辅导员的国际视野和学术影响力。通过邀请国外专家学者来校交流讲学，辅导员可以接触到国际前沿的学术成果和理念，了解国外教育教学的最新发展趋势和方法。这种国际交流与合作不仅有助于提升辅导员的学术水平和研究能力，还可以促进其国际交流与合作能力，增强其在国际学术界的影响力和声誉。

参与国际学术组织和项目合作，可以促进教育教学理念和经验的交流与分享。通过积极参与国际学术组织和项目合作，辅导员可以与国外同行开展合作研究、项目合作等，共同探讨教育教学的前沿问题和挑战。这种国际合作不仅有助于拓展教育教学的思路和方法，还可以促进教育教学理念和经验的交流与分享，推动教育教学事业的创新与发展。开展国际学术交流与合作还有助于提升辅导员队伍的整体实力和国际竞争力。通过与国外高校和机构的合作，可以共同开展科研项目、教学改革项目等，提升辅导员队伍的整体实力和水平。同时，还可以促进辅导员队伍与国际先进教育教学理念和技术的对接与融合，加强国际交流与合作，提高辅导员队伍的国际竞争力和影响力。

七、实施个性化辅导服务

通过针对不同学生群体和个体的需求，提供个性化的辅导服务，可以更好地满足学生的发展需求，促进其个人成长和发展。建立个性化服务档案，记录学生的发展情况和需求，可以为其提供更精准、有效的服务，推动教育教学工作的深入开展。每个学生都有自己的特点和需求，因此，在辅导工作中采取统一的模式和方法并不一定适用于所有学生。通过实施个性化辅导服务，辅导员可以根据学生的不同特点和需求，量身定制个性化的辅导方案，帮助他们更好地解决学习、生活和情感等方面的问题。

通过建立个性化服务档案，辅导员可以详细记录学生的学习成绩、个人兴趣、心理健康状况等信息，全面了解学生的发展情况和需求。基于这些信息，辅导员可以有针对性地为学生制定个性化的学习规划、心理健康咨询等服务，提供更加精准、有效的帮助和支持。通过个性化的辅导服务，学生可以得到更加针对性和有效的帮助，更好地解决自身存在的问题和困惑，提升自我认知和自我管理能力，促进个人成长和发展。同时，个性化辅导服务还可以激发学生的学习兴趣和动力，提高学习效率和质量，推动学生在学业、生活和职业规划等方面取得更好的成绩和发展。

八、加强校企合作

通过与企业开展合作项目和实习计划，可以提升学生的实践能力和就业竞争力。同时，邀请企业专家参与辅导员队伍建设，分享行业经验和就业需求，指导学生职业发展规划，也是推动高校教育与社会需求紧密结合的有效方式。通过与企业开展合作项目和实习计划，学生可以深入了解企业运作机制，积累实践经验，提升实践能力和专业技能。同时，通过实习经历，学生还能够建立起与企业的联系和人脉，为将来的就业和职业发展打下坚实的基础。

通过与企业开展合作，学校可以了解企业对人才的需求和期待，及时调整教学内容和方法，提高教学质量和实效性。同时，邀请企业专家参与辅导员队伍建设，可以让辅导员了解企业的最新发展动态和就业趋势，为学生职业发展提供更加专业的指导和支持。通过邀请企业专家参与辅导员队伍建设，可以让辅导员了解行业最新的发展趋势和技术要求，不断提升自身的专业水平和教学能力。同时，企业专家还可以为辅导员提供行业经验和就业技能方面的培训，帮助其更好地指导学生的职业发展和就业规划。

第三节 高校辅导员队伍建设的问题与对策

一、高校辅导员队伍建设的问题

高校辅导员队伍建设面临着一系列问题，需要针对这些问题有针对性地采取措施和改进方案。

（一）专业水平不足

在高校辅导员队伍建设中，专业水平不足是一个值得重视的问题。这一现象可能导致辅导员无法有效地应对学生的多样化需求和挑战，也影响了他们对最新教学理念和方法的掌握，无法满足学生的现代化学习需求。更进一步地，一些辅导员可能缺乏相关的专业背景或经验，从而无法有效地指导学生在学业、职业规划等方面取得进展。

专业水平的不足可能导致辅导员无法充分理解和满足学生的多样化需求。每个学生都具有独特的学习方式和学习需求，而辅导员需要具备丰富的专业知识和经验，才能够有效地为不同类型的学生提供个性化的辅导服务。如果辅导员的专业水平不够高，他们可能无法深入理解学生的学习问题，并提供针对性的解决方案，从而影响了辅导效果和学生的学业发展。

缺乏最新的教学理念和方法可能使得辅导员无法满足学生的现代化学习需求。随着教育领域的不断发展和变革，出现了许多新的教学理念和方法，如个性化教学、问题解决式学习等。然而，如果辅导员没有及时更新自己的知识和技能，不了解最新的教学趋势和方法，就难以将这些新理念和方法应用到实际的辅导工作中，无法满足学生的学习需求，甚至会导致教学效果的下降。

一些辅导员可能缺乏相关的专业背景或经验，这会影响他们对学生在学业、职业规划等方面的指导。在辅导员的职责范围内，除了提供学业上的辅导外，还包括指导学生进行职业规划、就业准备等工作。然而，如果辅导员缺乏相关领域的专业知识和经验，就难以有效地指导学生进行职业规划，无法提供实质性的帮助，影响了学生的职业发展。

（二）缺乏实践经验

缺乏实践经验是高校辅导员队伍建设中一个显著的问题。这种情况可能导致部分辅导员无法有效地指导学生解决实际问题和面对实际挑战。同时，由于对职业发展、就业导向等方面的指导不足，也会使得他们无法满足学生的就业需求和市场竞争的要求。

缺乏实践经验可能使得部分辅导员在实际指导学生时显得无所适从。学生在校园中面临各种挑战和问题，包括学业、人际关系、情感压力等等。如果辅导员没有足够的实践经验，就难以给予学生切实可行的建议和解决方案。他们可能仅凭书本知识和理论经验，而无法真正帮助学生解决实际问题，这就影响了辅导工作的实效性和有效性。

对于职业发展、就业导向等方面的指导不足，会影响学生的就业竞争力和发展前景。如今，就业市场竞争激烈，学生需要面对各种挑战和机遇。然而，如果辅导员缺乏实践经验，无法为学生提供有效的职业规划和就业指导，就会使得学生在就业过程中处于不利地位。他们可能无法了解最新的行业动态和招聘需求，也无法指导学生如何提升就业竞争力，从而导致学生就业困难，甚至失业。

解决这一问题的关键在于提升辅导员的实践经验和职业素养。高校可以通过举办实践培训和实习项目等方式，提升辅导员的实践能力和经验。建立起与企业、社会组织等外部机构的合作关系，为辅导员提供更多的实践机会和资源，使其能够更好地了解实际工作环境和需求。加强辅导员队伍内部的交流和合作，也是提升实践经验的重要途径，可以通过辅导员间的经验分享和互助，促进实践经验的积累和提升。综上所述，通过这些措施，可以逐步解决高校辅导员队伍中存在的缺乏实践经验的问题，为学生的成长和发展提供更好的支持和指导。

（三）沟通和交流不畅

在高校辅导员队伍建设中，沟通和交流不畅是一个严重影响工作效率和质量的问题。这种情况可能导致辅导员之间信息传递不及时、不准确，也会使得与学生之间的沟通障碍，难以真正了解学生的真实需求和困难，从而影响到辅导工作的实效性和有效性。辅导员之间缺乏良好的沟通和协作机制，导致信息传递不及时、不准确。在一个团队中，有效的沟通和协作是工作顺利进行的关键。如果辅导员之间的沟通渠道不畅，信息无法及时传达，就会导致工作任务的重复、遗漏或错乱，影响到整体工作效率和质量。

与学生之间的沟通不畅也会造成问题。辅导员需要与学生建立良好的沟通渠道，了解他们的学习情况、生活状态以及面临的困难和挑战，以便及时给予帮助和支持。然而，如果沟通不畅，学生可能会感到不被理解和支持，也无法真实地表达自己的需求和问题，从而影响到辅导工作的实效性和有效性。

解决这一问题的关键在于建立起良好的沟通和协作机制。可以通过定期召开会议、建立在线沟通平台等方式，促进辅导员之间的信息交流和共享。加强团队建设和培训，提升辅导员的团队意识和沟通技能，加强团队协作能力。同时，也需要加强与学生之间的沟通，建立起信任和理解的关系，使学生能够真实地表达自己的需求和问题，从而更好地得到帮助和支持。建立起良好的反馈机制也是解决沟通不畅问题的重要途径。辅导员可以定期收集学生和团队成员的反馈意见，及时了解存在的问题和困难，从而及时调整工作方式和方法，提高工作效率和质量。

（四）资源不足

高校辅导员队伍在资源方面的不足是一个制约其工作效能的重要问题。这种情况下，辅导员难以为学生提供全面的辅导服务和支持，影响了他们的工作效率和质量。同时，人员配置不足也使得工作任务无法有效分配和完成，进一步加剧了资源不足的问题。缺乏相关教育资源和信息平台限制了辅导员为学生提供全面的辅导服务和支持。教育资源包括教材、教学资料、学术期刊等，而信息平台则是辅导员获取和分享信息的重要渠道。如果辅导员缺乏必要的教育资源和信息平台，就无法及时获取到最新的教育资讯和学术研究成果，也无法为学生提供最新的教学支持和指导。这将直接影响到辅导员的工作效能和服务质量，使得其无法胜任辅导工作的需求。

辅导员队伍中存在人员配置不足的情况，进一步加剧了资源不足的问题。如果辅导员数量不足，工作任务将无法得到及时、充分地分配和完成。辅导员需要同时处理大量的学生事务，如学业辅导、心理咨询、就业指导等，而如果人员配置不足，他们将无法有效地满足学生的需求，从而影响到学生的学习和发展。

解决资源不足问题的关键在于提供更多的教育资源和信息平台，同时加强辅导员队伍的人员配置。可以通过增加投入，提高教育资源的供给量，包括购置更多的教材、教学资料和图书，建设更加完善的信息平台等。需要加强辅导员队伍的建设，招聘更多的优秀人才，提高队伍的整体素质和水平。同时，也可以通过加强与其他院校或机构的合作，共享资源、信息和人才，提高资源利用效率和辅导服务的覆盖面。

（五）缺乏个性化服务

高校辅导员队伍中缺乏个性化服务是一个值得关注的问题。这一情况下，辅导员的服务往往缺乏个性化，无法针对不同学生的特点和需求提供差异化的辅导服务。一些学生群体由于个人特点、文化背景等原因，需要更加个性化的服务，但现有的辅导员队伍无法满足这种需求。个性化服务的缺乏使得一些学生无法得到针对性的帮助。每个学生都有自己独特的特点和需求，需要根据其个人情况提供个性化的辅导服务。然而，如果辅导员无法了解学生的具体情况，就难以为他们提供有效的帮助和支持。这可能导致一些学生在学习、生活或职业发展等方面遇到困难，却无法得到及时有效的解决。

由于文化背景等因素的影响，一些学生群体需要特殊的个性化服务。不同文化背景下的学生可能对辅导员的角色和功能有不同的期待，需要针对性的文化敏感性辅导。然而，现有的辅导员队伍可能缺乏对不同文化背景学生的了解和敏感度，无法为他们提供合适的个性化服务，导致服务的质量和效果大打折扣。

解决这一问题的关键在于加强辅导员队伍的培训和专业发展，提升他们的个性化服务能力。辅导员需要接受相关的培训，了解不同学生群体的特点和需求，学习如何为他们提供个性化的服务。建立起辅导员与学生之间的良好沟通机制，鼓励学生积极表达自己的需求和想法，以便辅导员更好地了解并满足他们的需求。同时，也可以通过建立学生档案和个性化服务计划等方式，为辅导员提供更多的信息和支持，帮助他们更好地为学生提供个性化服务。加强跨文化教育和培训，提高辅导员对不同文化背景学生的理解和敏感度，也是解决个性化服务不足问题的重要途径。通过这些措施，可以有效提升辅导员队伍的个性化服务能力，更好地满足不同学生群体的需求，提高辅导工作的效果和质量。

二、高校辅导员队伍建设的对策

（一）提高专业水平

为提升高校辅导员队伍的专业水平，有必要实施一系列的专业化培训和发展计划，以确保其在教学技能、心理辅导、团队合作等方面具备足够的专业素养和知识储备。此外，为了保持辅导员队伍的专业素质和学术更新，还需要提供持续的职业发展机会，例如参与学术研讨会、教学研究项目等。这些培训计划应该全面覆盖辅导员工作所需的各个方面，包括但不限于教学技能、心理辅导、团队合作等。通过针对性的培训，辅导员可以不断提升自己在各个领域的专业能力，从而更好地满足学生的需求。为了保持辅导员队伍的专业素质和学术更新，持续的职业发展机会至关重要。这可以通过参与学术研讨会、教学研究项目等方式实现。参与这些活动不仅可以让辅导员了解最新的教学理念和方法，还可以拓展他们的专业视野，提高他们的学术水平和教学能力。

（二）加强实践经验

在日益竞争激烈的教育环境中，作为辅导员的角色愈发需要具备丰富的实践经验和解决问题的能力。为此，开展实践项目和实习计划成为必要举措之一。辅导员的参与实际工作不仅能够提升其实践经验，更能够锻炼其解决问题的能力。通过与企业、社会组织等外部机构建立合作关系，为辅导员提供更多的实践机会和资源，有助于加强其实践能力和经验。这种合作不仅有助于辅导员个人的成长，更能够为学校提供更优质的教育服务，从而实现双赢的局面。

辅导员身处教育系统中，其主要任务之一是引导学生进行实践活动。然而，若辅导员自身缺乏实践经验，便难以有效地指导学生。因此，通过开展实践项目和实习计划，辅导员能够亲身参与实际工作，了解行业动态，熟悉专业技能，从而更好地指导学生。例如，一个教育学专业的辅导员通过参与学校的实践教学项目，不仅能够了解最新的教学方法和技术，还能够将其运用到实际教学中，提升教学质量。

与此同时，建立与企业、社会组织等外部机构的合作关系也是提升辅导员实践能力的重要途径。这种合作关系可以为辅导员提供更广泛的实践机会和资源，例如实习岗位、专业培训等。通过与企业合作，辅导员不仅可以了解企业对人才的需求，还可以了解行业发展趋势，为学生提供更精准的就业指导。与社会组织合作，则可以让辅导员深入了解社会问题，并探索解决方案，从而提升其解决问题的能力。

加强辅导员的实践能力和经验不仅有助于其个人成长，更能够为学校提供更优质的教育服务。实践经验丰富的辅导员能够更好地指导学生，帮助他们更好地适应社会需求，提高就业竞争力。与外部机构的合作关系也能够为学校带来更多的资源和支持，促进教育教学水平的提升。因此，加强实践经验不仅是辅导员个人发展的需要，更是教育事业发展的需要，值得各方共同努力。

（三）加强沟通和交流

在现代教育体系中，加强沟通和交流是确保教育教学工作顺利进行的关键环节。为此，建立良好的沟通和协作机制至关重要。这包括定期召开会议、建立在线沟通平台等举措，旨在促进辅导员之间的信息交流和共享。通过这些措施，辅导员可以及时了解学校的政策和工作安排，共同研究解决教学中的难题，提高教育教学质量。建立起信任和理解的关系，使学生能够真实地表达自己的需求和问题，从而更好地得到帮助和支持。辅导员可以通过定期开展个别谈话、组织集体活动等方式，加强与学生之间的沟通。在这个过程中，辅导员需要展现出耐心、关心和理解，倾听学生的心声，给予他们积极的指导和支持，帮助他们解决学习和生活中的困难。

良好的沟通和交流不仅能够促进辅导员之间、辅导员与学生之间的关系，更能够提升整个教育教学工作的效率和质量。通过及时有效地沟通，可以避免信息传递不畅、工作重复等问题，提高工作效率。同时，通过与学生建立起良好的沟通关系，可以更好地了解学生的需求和问题，有针对性地开展工作，提高教学效果。在加强沟通和交流的过程中，还需要注重培养辅导员的沟通能力和协作能力。辅导员需要具备良好的沟通技巧，能够准确地表达自己的观点，理解他人的想法，达成共识。此外，辅导员还需要具备团队合作精神，能够与他人协同工作，共同完成教育教学任务。

(四) 增加资源投入

在当今教育领域，增加资源投入是提升教育教学质量和推动教育事业发展的关键举措之一。为此，提供更多的教育资源和信息平台是必不可少的。这包括教材、教学资料、学术期刊等方面的资源，以及建设更加完善的信息平台，为辅导员提供更多的资源和支持。通过增加资源投入，可以更好地满足辅导员在教育教学工作中的需求，提高教育教学的质量和水平。

教材、教学资料等资源直接影响到教育教学的效果。因此，提供更多的教育资源，包括更新更好的教材、丰富多样的教学资料等，对于提高教育教学质量至关重要。另外，建设更加完善的信息平台也是非常重要的。信息平台可以为辅导员提供各种教学资源、教学方法等信息，帮助他们更好地开展教育教学工作。同时，加强辅导员队伍的人员配置也是增加资源投入的重要方面。辅导员是教育教学工作中不可或缺的一支力量，其素质和水平直接影响到教育教学的质量。因此，招聘更多的优秀人才，提高辅导员队伍的整体素质和水平，是非常重要的。只有拥有一支素质过硬的辅导员队伍，才能够更好地满足学生的需求，推动教育事业的发展。

增加资源投入不仅可以提高教育教学的质量和水平，更能够为学生提供更好的教育服务。教育资源的增加可以丰富教学内容，提高教学效果，从而更好地满足学生的学习需求。另外，拥有一支素质过硬的辅导员队伍，也可以为学生提供更好的学习指导和帮助，提高他们的学习成绩和竞争力。

(五) 个性化服务

通过提升辅导员的个性化服务能力，包括了解不同学生群体的特点和需求，并学习如何为他们提供个性化的服务，可以更好地满足学生的需求，提高教育教学的效果。辅导员是学生成长过程中的重要指导者和支持者，其个性化服务能力直接影响到学生的学习体验和成长发展。因此，加强辅导员的培训和专业发展至关重要。培训内容可以包括了解不同学生群体的特点和需求，学习如何进行有效的沟通和指导，掌握个性化服务的方法和技巧等。通过这些培训，辅导员可以更好地了解学生的需求，提供更贴心、更有针对性的服务。

辅导员需要鼓励学生积极表达自己的需求和想法，以便更好地了解并满足他们的需求。这需要辅导员展现出开放、包容的态度，倾听学生的心声，为他们提供积极的支持和指导。同时，辅导员还需要主动与学生沟通，了解他们的学习和生活情况，及时发现并解决问题，为他们提供更好的帮助。个性化服务不仅可以提高学生的学习积极性和满意度，更能够促进其个人成长和发展。通过个性化服务，可以更好地满足不同学生的需求，帮助他们解决学习和生活中的问题，提高其学习成绩和竞争力。另外，个性化服务还可以增强学生对学校和辅导员的信任和认同，促进校园文化的建设和发展。

第四节 高校辅导员队伍建设的未来展望

一、专业化与多样化发展

辅导员不再是简单地提供学业指导或心理支持的角色，而是需要成为学生全方位成长的引领者和支持者。这种转变要求他们具备更广泛的专业知识和技能，以更好地应对不同学生群体的需求。辅导员需要在心理学领域拥有深入的了解。心理健康问题在当今社会日益凸显，学生面临的压力也日益加剧，因此，辅导员需要具备心理学知识，能够识别并应对学生的心理健康问题，提供及时有效的心理支持。

教育学知识也是辅导员不可或缺的一部分。他们需要了解教育理论、教学方法和课程设计，以便更好地指导学生的学习和发展。通过教育学知识，辅导员可以更好地帮助学生规划学习路径，提高学习效率，从而实现学业和个人发展的目标。社会工作涉及到社会资源的整合、社会问题的解决以及社会服务的提供，这些都是辅导员在指导学生时需要考虑的因素。通过社会工作知识，辅导员可以更好地帮助学生解决各种生活困难和问题，促进他们的全面发展。

除了以上提到的专业知识外，辅导员还需要适应不同学生群体的需求。随着国际交流的加深，国际留学生成为了高校中不可或缺的一部分。辅导员需要了解不同文化背景下学生的特点和需求，提供针对性的支持和服务。同时，特殊群体，如残障学生、贫困生等，也需要特别关注和帮助。辅导员需要具备相关的专业知识和技能，为这些学生提供个性化的支持，帮助他们克服困难，实现自我价值。

二、技术与创新应用

未来，随着科技的不断发展，高校辅导员队伍将面临更多机遇与挑战。技术与创新应用将成为辅导员工作的重要方向，以满足学生在数字化时代的需求，并提升辅导服务的效率和质量。随着互联网的普及和数字化技术的发展，虚拟辅导和在线咨询等方式将成为辅导员与学生沟通的重要渠道。通过虚拟平台，辅导员可以与学生实时交流，解答他们的问题，提供必要的支持和指导，从而更好地满足学生的需求，促进他们的成长和发展。

传统的辅导模式已经无法满足学生多样化的需求，因此，需要不断探索新的辅导模式和方法。例如，基于人工智能的个性化辅导系统可以根据学生的特点和需求，为他们提供量身定制的辅导方案，帮助他们更好地解决问题，实现自身的发展目标。通过网络平台和移动应用，辅导服务可以覆盖更广泛的学生群体，包括校园内外的学生，甚至是异地或国际学生。同时，通过数据分析和个性化推荐等技术手段，辅导员可以更好地了解学生的需求和问题，提供更加精准和有效的辅导服务，实现个性化发展的目标。然而，技术与创新的应用也面临一些挑战和问题。例如，虚拟辅导可能会缺乏面对面交流的亲密性和情感支持，学生可能感受不到真正的温暖和关怀。此外，个性化辅导系统可能存在数据隐私和安全性的风险，需要加强信息保护和管理。

三、跨学科合作与资源整合

在未来，高校辅导员队伍将更加强调跨学科合作与资源整合的重要性。面对学生日益复杂的问题，单一学科的辅导模式已经不再适用，需要构建跨学科的辅导团队，整合各方资源，为学生提供更全面的支持和服务。跨学科合作将成为未来辅导员队伍的重要发展方向。辅导工作涉及到心理、教育、社会等多个学科领域的知识和技能，需要不同学科背景的专业人士共同参与。通过跨学科合作，可以充分利用各学科的优势，形成辅导团队的合力，为学生提供更全面、更有效的支持和服务。

校内资源包括教育资源、心理咨询资源、社会工作资源等，可以为学生提供各种形式的支持和帮助。同时，还可以整合社会组织、专业机构等外部资源，拓展辅导服务的广度和深度，为学生提供更加丰富和多样化的支持。在跨学科合作和资源整合的过程中，需要注意以下几点。要建立良好的沟通机制和协作机制，确保各方能够有效地合作和协调。要重视团队建设和专业培训，提升团队成员的综合素质和专业水平。需要建立评价机制，及时评估辅导服务的效果和质量，不断改进和完善工作。值得注意的是，在跨学科合作和资源整合的过程中，可能会面临一些挑战和困难。例如，不同学科之间存在理论观念的差异和沟通障碍，需要加强交流和协调；资源整合可能会受到利益分配和管理问题的影响，需要建立良好的合作机制和管理体系。

四、职业发展与培训机制

未来，建立健全的辅导员职业发展与培训机制将成为高校辅导员队伍发展的关键。辅导员作为学生成长的引导者和支持者，需要不断提升自身的专业水平和能力，以更好地适应教育环境的变化，满足学生多样化的需求。在职业发展方面，提供更多的晋升通道是必不可少的。辅导员职业发展应该是一个系统化的过程，包括不同层次的职称晋升、岗位晋升等。通过建立完善的晋升机制，可以激励辅导员不断提升自身能力，实现个人职业发展的目标，同时也可以增强他们的工作动力和归属感。

随着教育环境的变化和教育理念的更新，辅导员需要不断学习新知识、新技能，不断提升自己的专业水平。通过开展各类培训活动，如心理健康培训、教育理论培训、专业技能培训等，可以帮助辅导员及时掌握最新的辅导理论和方法，提高工作效率和质量。在评价机制方面，需要建立科学合理的评价体系，激励辅导员持续提升自身水平。评价体系应该包括多个方面，如工作业绩评价、专业能力评价、教育教学质量评价等，全面客观地反映辅导员的工作表现和专业水平。通过评价结果，可以为辅导员提供有效的反馈信息，指导其改进工作方法和提升服务质量。

然而，要建立健全的职业发展与培训机制并不是易事。可能会面临一些挑战和困难，如资源匮乏、培训内容不适应实际需求、评价标准不合理等。因此，需要政府、学校和相关机构共同努力，加大对辅导员职业发展与培训的支持力度，提升辅导员队伍的整体素质和水平。

五、关注心理健康与全人教育

随着社会的发展和教育观念的更新，高校辅导员队伍将更加关注学生的心理健康和全人教育，致力于通过个性化的辅导服务，帮助学生实现身心健康、学业发展和人格成长的平衡。在面对学生的心理健康问题时，辅导员需要发挥积极作用。随着社会压力的增加和生活节奏的加快，越来越多的学生面临着心理健康问题，如焦虑、抑郁等。辅导员可以通过心理咨询、心理疏导等方式，帮助学生缓解压力、排解情绪，重建自信，实现心理健康的平衡和稳定。

辅导员还需要关注学生的全人教育，不仅注重学术知识的传授，还注重学生的人格素养和综合能力的培养。全人教育强调培养学生的综合素质和社会责任感，帮助他们成为具有创新精神和社会责任感的优秀人才。辅导员可以通过课程设计、社团活动、志愿服务等途径，引导学生全面发展，培养他们的综合能力和社会责任感。每个学生都是独一无二的个体，拥有不同的性格、兴趣和需求。辅导员需要根据学生的特点和需求，提供个性化的辅导服务，帮助他们实现自身的发展目标。个性化的辅导服务不仅可以更好地满足学生的需求，还可以提高辅导服务的针对性和有效性。

然而，关注心理健康与全人教育也面临一些挑战和困难。例如，学生的心理健康问题可能多种多样，辅导员需要具备丰富的心理知识和经验，才能有效应对；全人教育需要整合各方资源，形成合力，才能真正发挥作用。因此，需要加强辅导员队伍的培训和专业化建设，提高其应对复杂情况的能力和水平。

第五章 高校辅导员队伍建设的国际比较研究

第一节 国外高校辅导员队伍建设的经验与启示

一、专业化培训与认证机制

在国外，高校辅导员的专业化培训与认证机制已经成为一项行之有效的制度，为辅导员提供了系统性的培训和评估，以确保他们具备必要的专业知识和技能，从而提高了辅导服务的质量和水平。在这个过程中，我国可以借鉴这种机制，并建立类似的培训与认证体系，以规范化的培训和考核来提升我国辅导员的专业能力和服务水平。在国外，高校辅导员通常接受系统的专业化培训。这种培训包括心理学、教育学、社会工作等多个领域的知识和技能，涵盖了辅导工作的各个方面。辅导员通过参加培训课程、研讨会、实践活动等形式，不断提升自己的专业水平，增强工作能力。

随后，这些辅导员需要通过专业认证机制获得资质。认证机制通常由专业机构或行业组织负责，他们会根据一定的标准和要求对辅导员进行评估和认证，确保其具备必要的能力和素质。通过认证的辅导员才能够在高校从事辅导工作，为学生提供专业的支持和服务。这种培训与认证机制的建立，对于提高辅导服务的质量和水平具有重要意义。它确保了辅导员具备了必要的专业知识和技能，能够胜任辅导工作。通过认证机制的存在，可以有效监督和评估辅导员的工作表现，提高其责任感和工作积极性。这种机制也有助于树立辅导员职业的权威性和专业性，提升其在校园中的地位和声誉。

对于我国而言，建立类似的培训与认证机制也具有重要意义。目前，我国高校辅导员队伍中存在着专业水平参差不齐的现象，缺乏统一的培训和认证机制。因此，可以借鉴国外的经验，建立起规范化的培训与认证体系，通过培训和考核来提升辅导员的专业能力和服务水平。这样不仅有利于提高辅导服务的质量和水平，也有助于树立辅导员职业的权威性和专业性，推动我国高校辅导员队伍的健康发展。

二、跨学科合作与团队建设

国外高校辅导员队伍的跨学科合作与团队建设模式为我们提供了宝贵的借鉴和启示。这种模式通常由不同专业背景的人员组成，他们之间相互合作，共同应对学生的问题和需求。这样的团队合作模式能够充分发挥各自的专业优势，提供更全面的支持和服务。我国高校可以借鉴这种经验，建立跨学科的辅导团队，促进各专业领域的交流与合作，提高辅导服务的综合性和有效性。

跨学科合作可以汇集各个领域的专业优势，为学生提供更全面的支持和服务。不同专业背景的辅导员拥有不同的专业知识和技能，他们可以相互补充，共同解决学生面临的问题。比如，在解决学习困难方面，教育学专家可以提供学习策略和方法，心理学专家可以提供心理支持和辅导，社会工作者可以提供社会资源和支持服务。这样的跨学科合作可以为学生提供更全面、更个性化的辅导服务。

跨学科团队的建设有助于促进各专业领域之间的交流与合作。在团队合作的过程中，不同专业背景的辅导员可以相互学习和交流，了解彼此的工作方式和方法，拓展自己的专业视野。通过这种交流与合作，可以促进各专业领域之间的沟通与理解，形成良好的合作氛围，提高团队的整体绩效和服务水平。跨学科团队的建设也有助于推动辅导服务的创新与发展。不同专业背景的辅导员在团队合作的过程中，可以共同探索新的辅导模式和方法，开展跨学科的研究与实践。通过创新性的工作，可以不断提升辅导服务的质量和水平，满足学生日益多样化的需求。

我国高校可以借鉴国外的经验，建立跨学科的辅导团队，促进各专业领域的交流与合作，提高辅导服务的综合性和有效性。这不仅有助于提升学生的学习和生活质量，也有助于推动我国高校辅导员队伍的专业化和现代化发展。

三、学生参与与反馈机制

在国外高校，学生参与与反馈机制在辅导服务中起着至关重要的作用。这种机制鼓励学生积极参与辅导活动，并提供反馈意见，以便更好地了解学生的需求和意见，及时调整和改进辅导服务。我国高校可以借鉴这种经验，建立类似的学生参与与反馈机制，促进学生与辅导员之间的互动和沟通，提高辅导服务的针对性和有效性。

通过设立各种形式的参与渠道，如学生咨询服务中心、学生辅导委员会等，可以激发学生的参与热情，让他们更加主动地寻求辅导和支持。学生参与辅导服务的过程中，他们不仅可以获得帮助，还可以提出自己的意见和建议，参与到服务的改进和优化中来。建立反馈机制有助于及时了解学生的需求和意见，促进辅导服务的持续改进。通过定期收集学生的反馈意见，辅导员可以了解学生对服务的满意度、存在的问题和需求，及时调整和改进服务内容和方式。这种及时反馈机制有助于辅导服务的动态优化，提高服务的针对性和有效性，更好地满足学生的需求。

建立学生参与与反馈机制也有助于促进学生与辅导员之间的互动和沟通。通过参与辅导活动和提供反馈意见，学生可以与辅导员建立更加密切的联系，建立起良好的师生关系。这种互动和沟通有助于增强学生的信任感和归属感，提高他们对辅导服务的认同和接受度。

四、持续专业发展与学习共享

在国外高校，辅导员的持续专业发展和学习共享被视为至关重要的事项。他们通常注重参加各种学术会议、研讨会等活动，以不断更新知识和经验，提升个人能力和团队水平。这种持续的专业发展和学习共享机制有助于保持辅导员的专业素养和竞争力，同时也促进了辅导服务的不断创新和提升。我国高校辅导员应该重视这一点，通过参与国际交流和合作，不断吸收国外先进经验，提升辅导服务的水平和质量。随着社会的发展和教育理念的更新，辅导工作也在不断变化和发展。辅导员需要不断学习和更新知识，以适应新的需求和挑战。通过参加各种学术活动，辅导员可以了解最新的研究成果和理论观点，掌握最新的辅导方法和技巧，提升自己的专业水平和竞争力。

学习共享有助于促进辅导服务的创新和提升。在学术会议和研讨会上，辅导员可以与其他同行交流经验，分享成功案例，探讨共同关心的问题。通过这种学习共享的方式，可以激发创新思维，促进辅导服务的不断改进和提升。同时，学习共享也有助于建立起辅导员之间的合作网络，形成良好的合作氛围，推动辅导工作的发展和进步。国外的辅导员队伍通常具有丰富的经验和先进的理念，值得我国辅导员借鉴和学习。通过参与国际交流和合作，我国辅导员可以了解国外先进的辅导理念和方法，吸收国外的成功经验，为我国的辅导工作提供借鉴和参考。

五、文化敏感与跨文化交流

在国外高校，辅导员通常具备跨文化交流和跨文化敏感性，这使得他们能够更好地理解和尊重不同文化背景的学生，提供针对性的支持和服务。这种文化敏感性和跨文化交流的能力是他们成功开展辅导工作的重要因素之一。相应地，我国高校辅导员也应该注重跨文化交流和跨文化敏感性的培养，以提高与国际学生的沟通和服务水平，更好地满足他们的需求。在国际化背景下，高校里的学生群体可能来自不同的国家和文化背景，他们的价值观、习惯和行为方式可能存在较大差异。辅导员需要具备跨文化敏感性，能够理解和尊重这些差异，避免因文化差异而产生的误解和冲突。通过培养跨文化敏感性，辅导员可以更好地理解学生的需求和困扰，提供更贴近学生文化背景的支持和服务。

在国际学生与辅导员之间进行跨文化交流的过程中，双方可以了解彼此的文化特点和传统习俗，增进相互之间的了解和尊重。通过建立起跨文化的沟通渠道，辅导员可以更加准确地把握学生的需求和心理状态，提供更贴心和针对性的支持和服务。跨文化敏感性和跨文化交流的培养有助于提高辅导服务的质量和效果。国际学生通常面临着来自文化差异、语言障碍等方面的困扰和挑战，需要更加细致入微的支持和指导。通过具备跨文化敏感性的辅导员提供的服务，可以更好地满足国际学生的需求，提高他们的适应能力和学习成效，从而提升辅导服务的整体水平。

我国高校辅导员也应该注重跨文化交流和跨文化敏感性的培养，提高与国际学生的沟通和服务水平。通过不断学习和提升自身的跨文化能力，辅导员可以更好地适应国际化的教育环境，更好地满足不同文化背景学生的需求，为他们的学习和成长提供更加全面和有效的支持。

第二节　国外高校辅导员队伍建设的特点与趋势

一、国外高校辅导员队伍建设的特点

（一）专业化和多元化

在国外，辅导员队伍呈现出显著的专业化和多元化趋势。这一现象源于他们来自不同的学科背景，例如心理学、社会工作、教育学等。这种多元化的来源使得辅导员能够更全面地满足不同学生群体的需求。他们所具备的专业知识和技能在学生发展、心理健康以及职业规划等方面发挥着重要作用。

专业化和多元化的辅导员队伍意味着他们能够针对不同的学生需求提供个性化的支持和指导。来自不同学科背景的辅导员拥有各自独特的专业视角和方法论，这使得他们能够更全面地理解和应对学生在学习、生活和职业规划方面遇到的挑战。例如，心理学背景的辅导员可能更专注于学生的心理健康和情绪管理，而社会工作背景的辅导员可能更关注学生的家庭和社会环境对其发展的影响。

除了学科背景的多元化外，辅导员队伍的专业化也体现在他们接受的持续专业培训上。这些培训通常涵盖学生发展理论、心理咨询技巧、跨文化沟通等内容，旨在提高辅导员在面对复杂学生需求时的应对能力。通过不断学习更新的知识和技能，辅导员能够更好地应对学生群体日益多样化的需求，从而提供更有效的支持和指导。

在国外，辅导员队伍的专业化和多元化已经成为高校学生支持体系中的重要组成部分。他们的存在不仅为学生提供了多元化的资源和支持，同时也为学校创造了一个更加包容和支持学生发展的环境。随着社会的不断发展和变化，这种专业化和多元化的辅导员队伍将继续发挥着重要作用，为学生的成长和发展提供持续的支持和指导。

（二）个性化服务

在国外高校，辅导员们致力于提供个性化的服务，以满足每位学生的独特需求和情况。他们与学生之间建立了密切的关系，通过深入的一对一交流和指导，为学生提供针对性的帮助和建议。这种个性化服务的重点在于了解学生的具体情况，并根据其需求提供相应的支持，涵盖个人成长、学业挑战以及职业发展等多个方面。

在个性化服务的框架下，辅导员们扮演着学生发展道路上的重要导师角色。他们不仅仅是为了解决学术问题而存在，更是为了帮助学生全面成长。通过与学生建立起亲近的关系，辅导员们能够更深入地了解学生的兴趣、目标和挑战，从而提供更加贴心和有效的支持。这种一对一的交流不仅可以帮助学生解决眼前的问题，还能够促进其个人成长和发展，培养其自我意识和解决问题的能力。

个性化服务的核心在于辅导员们根据学生的具体情况制定相应的帮助方案。每位学生都有自己独特的需求和挑战，因此，辅导员需要灵活地运用不同的方法和工具，以满足学生的个性化需求。这可能涉及到针对性的学习策略指导、情绪管理技巧培训，甚至是职业规划和实习推荐等方面的帮助。通过为学生量身定制的支持方案，辅导员们能够更有效地帮助他们克服困难，实现个人和学业目标。

除了在学术上提供帮助外，辅导员们还关注学生的整体发展。他们不仅关注学生的学习成绩，还关心其心理健康、人际关系、自我认知等方面的发展。通过与学生进行深入的交流和反思，辅导员们能够帮助他们建立积极的人生态度，培养自信心和应对挑战的能力，从而更好地适应未来的学习和生活。

（三）综合性支持

在国外高校，辅导员的工作不仅仅局限于学业方面的支持和指导，而是涵盖了学生生活的方方面面。他们关心学生的身心健康、人际关系、职业规划等各个方面，并提供相应的综合性支持服务。这种综合性支持的目的在于帮助学生实现全面的成长和发展，从而在学业和生活中取得更好的成就。辅导员在提供综合性支持服务时，可能涉及到多个方面，其中之一是心理咨询。他们接受专业的心理培训，能够为学生提供情感支持和心理辅导，帮助他们应对压力、焦虑、抑郁等心理健康问题。通过与学生的交流和倾听，辅导员能够帮助他们解决内心的困扰，重建自信和积极的心态，从而更好地面对学习和生活中的挑战。

除了心理咨询外，辅导员还可能提供职业规划的支持服务。他们帮助学生探索自己的兴趣、技能和职业目标，指导他们制定职业发展计划，并提供实习、就业信息等方面的帮助。通过与学生的个别会谈和职业测评，辅导员能够帮助他们更清晰地了解自己的职业定位和发展路径，从而为未来的就业和职业生涯做好准备。此外，辅导员还可能提供学习技巧培训等支持服务，帮助学生提高学习效率和学习能力。他们可能组织学习技巧讲座、辅导学生制定学习计划，指导他们有效地管理时间、阅读、笔记等学习技能，以提高他们的学习成绩和学习体验。

（四）跨部门合作

在国外高校，辅导员与学术部门、学生服务部门以及心理健康服务机构等多个部门之间展开了紧密的跨部门合作。这种合作的目的在于整合各方资源，共同为学生提供更全面、更有效的支持和帮助。通过跨部门合作，学校能够更好地满足学生的多样化需求，提高服务的效率和质量。跨部门合作的一大优势在于整合资源。不同部门拥有各自的专业知识和技能，通过合作可以将这些资源充分整合起来，形成一个更为完善的支持体系。例如，学术部门可能提供学习和课程方面的支持，学生服务部门可以提供生活和社交方面的支持，而心理健康服务机构则提供心理辅导和咨询服务。通过协同合作，这些部门能够共同为学生提供全面的支持，帮助他们在学业、生活和心理健康等方面取得平衡和成功。

跨部门合作还可以促进信息共享和交流。不同部门之间的合作与沟通能够让他们了解学生的整体情况和需求，从而更好地为其提供针对性的支持和帮助。例如，学术部门可以向其他部门提供关于学生学习状况和成绩表现的信息，以便其他部门更好地了解学生的个性化需求和挑战。这种信息共享和交流有助于形成一个更为完善和高效的学生支持体系。另一个跨部门合作的重要方面是共同制定和实施支持计划。不同部门可以共同制定针对性的支持计划，为学生提供个性化的支持和服务。例如，学生服务部门和心理健康服务机构可以共同制定心理健康促进计划，通过举办活动、提供资源等方式促进学生的心理健康。这种合作计划的制定和实施能够更好地发挥各方的优势，提高支持服务的效果和影响力。

（五）关注学生发展

辅导员队伍的建设不仅仅着眼于学生的学业成绩，更注重学生的全面发展。他们认识到学生的成功不仅仅取决于他们的学术表现，还包括了个人素养的培养、职业技能的提升等方面。因此，辅导员们致力于帮助学生发掘潜能、树立目标、培养技能，从而在学术、职业和个人生活方面取得全面的成功。

辅导员队伍以学生的全面发展为己任，他们通过一系列的个别辅导和集体活动，积极促进学生的成长。例如，他们可能会组织各种工作坊、讲座或者培训，帮助学生提升沟通技能、领导能力、团队合作等重要技能，这些技能不仅在学术上有所帮助，在未来的职业生涯中也能起到关键作用。

除了技能的培养外，辅导员们还鼓励学生积极参与社会实践和志愿服务等活动，从而拓宽他们的视野，增强社会责任感和公民意识。通过参与社会实践，学生们能够更好地理解自己所学知识的应用和意义，同时也能够锻炼自己解决实际问题的能力，培养自信心和独立思考的能力。此外，辅导员们还会与学生建立起亲近的关系，关注他们的个人成长和发展。他们会倾听学生的诉求和困惑，给予及时的关心和指导，帮助他们克服困难，实现个人梦想。这种个别关怀和支持不仅能够增强学生的自信心和自尊心，还能够激发他们的潜能，追求更高的目标。

二、国外高校辅导员队伍建设的趋势

（一）技术化和数字化

随着科技的迅速发展，高校辅导员队伍正积极利用各种技术和数字工具，以满足学生在数字化环境下的多样化需求，并提升辅导服务的效率和质量。技术化和数字化为辅导服务提供了全新的形式和渠道。通过在线辅导平台和虚拟咨询系统，学生可以随时随地获取辅导服务，无需受限于时间和空间的限制。这种便利性不仅提高了学生的接触率和参与度，也为辅导员提供了更多灵活性和便利性，有助于满足学生个性化的需求。

数辅导员可以通过电子资源、在线学习平台等方式向学生提供丰富多样的学习资料和指导材料，帮助他们更好地理解课程内容，提升学习效果。同时，利用社交媒体平台，辅导员可以与学生进行更加直观、互动的沟通，促进信息交流和心理支持，增强辅导效果。辅导员需要不断学习和掌握新技术，包括各类在线沟通工具、社交媒体平台等，以适应数字化环境下的工作需求。这意味着辅导员队伍需要进行技术培训和专业发展，提升自身的技术水平和服务能力，以更好地与学生互动和沟通，保持服务的有效性和吸引力。

技术化和数字化也带来了一些挑战和问题。例如，如何保障在线平台的安全性和隐私性，如何有效管理和维护在线辅导系统的运行等，都是需要辅导员队伍不断探索和解决的问题。同时，数字化工具的使用也可能带来沟通障碍和交流误解，辅导员需要具备更高的沟通能力和跨文化理解能力，以保持与学生的有效沟通和良好关系。

（二）全球化和跨文化能力

在当今全球化的背景下，高等教育机构面临着越来越多来自不同文化背景的国际学生。这一趋势的显著增长，对高校辅导员提出了更高的要求，他们需要具备跨文化交流和理解能力，以更好地支持和指导这一群体。跨文化交流能力已经成为辅导员工作中不可或缺的一部分，因为他们需要能够理解并满足国际学生的需求，帮助他们顺利适应新的文化环境和学术生活。在迎接国际学生潮的同时，高校辅导员团队可能需要开展跨文化培训。这种培训旨在提升团队成员的跨文化敏感度和能力，使他们能够更好地理解不同文化背景学生的价值观、信仰、习惯和行为模式。通过培训，辅导员可以学习如何避免文化误解和冲突，以及如何更有效地沟通和协作。这样的培训还可以帮助辅导员更好地了解国际学生面临的挑战，从而提供更为贴心和个性化的支持和指导。

跨文化培训的内容可能涵盖多个方面，包括跨文化沟通技巧、文化意识和文化敏感度的提升、跨文化冲突解决策略等。辅导员团队需要学习如何倾听和理解国际学生的视角，尊重他们的文化差异，并努力创造一个包容和融洽的学术环境。此外，培训还可以帮助辅导员了解不同文化背景学生的学习习惯和学术需求，从而更好地制定个性化的学习计划和指导方案。除了开展跨文化培训，高校辅导员还可以通过多种方式提升自身的跨文化能力。这包括参与国际交流项目、拓展国际视野、学习外语和文化、与国际学生建立良好的关系等。通过与国际学生的互动，辅导员可以更深入地了解不同文化背景学生的需求和挑战，并不断提升自己的跨文化交流和理解能力。

（三）关注学生心理健康

在当前高等教育环境中，辅导员队伍正逐渐意识到学生心理健康问题的重要性，并将其放在更加突出的位置。焦虑、抑郁等心理健康障碍已经成为影响学生学习和生活的主要因素之一。因此，辅导员们将更加重视对这些问题的识别和干预，以确保学生能够获得及时的支持和帮助。

随着心理健康问题日益突出，高校辅导员队伍可能会增加心理健康专业人士的配备。这些专业人士通常包括心理咨询师、心理医生等，他们具有丰富的心理健康知识和临床经验，能够为学生提供更为专业和针对性的心理健康服务和支持。通过增加专业人士的配备，高校可以更好地满足学生不同层次和不同类型的心理健康需求，提供全面的心理健康服务体系。

除了增加专业人士的配备，高校辅导员还可以加强心理健康服务和支持。这包括开展心理健康宣传教育活动，提升学生心理健康意识；建立心理健康咨询热线和在线平台，方便学生随时随地获取心理健康支持；组织心理健康工作坊和小组讨论，帮助学生学习应对压力和情绪管理的技巧等。通过这些举措，辅导员可以为学生提供多样化、全方位的心理健康服务和支持，帮助他们更好地应对学习和生活中的各种挑战。

辅导员还可以通过个性化的干预和指导，帮助学生更好地管理和克服心理健康问题。这包括定期与学生进行心理健康评估和沟通，了解他们的需求和困扰，并提供相应的支持和建议；引导学生建立健康的生活方式和情绪管理机制，培养他们的心理韧性和适应能力。通过与学生建立良好的信任关系和沟通渠道，辅导员可以更有效地发现和解决学生心理健康问题，促进他们的健康成长和发展。

（四）学生参与和自主性

辅导员队伍正在转变观念，开始鼓励学生更积极地参与辅导过程，并提倡他们自主解决问题和发展自身能力。这种转变的核心在于从传统的"教师中心"模式向"学生中心"模式的转变，使学生成为自己学习和成长过程的主体。在这一过程中，辅导员的角色不再是简单的传授知识和技能，而是成为学生发展的引导者和支持者。为了促进学生的个人成长和发展，辅导员可能会更多地采用导师制或导师辅导相结合的方式。导师制强调的是一对一的个性化指导和关怀，通过与学生建立密切的师生关系，帮助他们解决学习和生活中的问题，提供专业的指导和建议。而导师辅导则更注重在群体中培养学生的自主性和团队合作精神，通过团体活动和项目指导，培养学生的领导能力和团队合作能力。

除了导师制和导师辅导，辅导员还可以通过各种方式鼓励学生参与辅导过程。例如，组织学生参与学校活动和社区服务项目，培养他们的社会责任感和领导能力；开展学生参与式的课堂教学，鼓励他们积极提问和参与讨论，培养他们的批判性思维和问题解决能力；建立学生咨询委员会或学生议会，让学生参与学校决策和管理，提高他们的管理和组织能力等。通过这些举措，辅导员可以激发学生的学习兴趣和积极性，提升他们的学习动力和自我管理能力。在学生参与和自主性方面，辅导员还需要注重培养学生的自我学习能力和自我管理能力。这包括教会学生如何设定学习目标、制定学习计划、管理时间和资源，以及如何评估和调整学习效果等。通过培养学生的自主性和自我管理能力，辅导员可以帮助他们建立起终身学习的意识和习惯，为他们未来的学习和职业发展打下良好的基础。

第三节 国外高校辅导员队伍建设的机制与模式

一、国外高校辅导员队伍建设机制

(一) 专业化培训与认证

在国外高校,专业化培训与认证是辅导员队伍建设的关键机制之一。这一机制旨在确保辅导员具备丰富的专业知识和技能,能够有效地支持和指导学生的学习、生活和发展。培训辅导员的专业化教育通常涵盖多个领域,包括心理学、教育学、社会工作等相关专业知识。这些知识为辅导员提供了理论基础和实践指导,帮助他们更好地理解学生的需求和问题,并提供相应的支持和指导。例如,心理学知识可以帮助辅导员了解学生的心理健康问题,教育学知识可以帮助他们设计有效的学习计划和指导方案,社会工作知识可以帮助他们解决学生面临的社会问题和困境。

除了专业知识,辅导员还需要接受相关的辅导技能和沟通技巧的培训。这包括如何与学生建立良好的信任关系、如何有效地倾听和理解学生的需求、如何提供有效的建议和支持等。这些技能和技巧对于辅导员有效地履行工作职责至关重要,能够帮助他们与学生之间建立起积极的互动和合作关系。在一些国外高校,辅导员需要通过专业认证才能从事相关工作。例如,美国的国家认证心理学家(National Certified Counselor, NCC)是一种专业认证,具有这一认证的辅导员被认为具备了必要的专业素养和技能,能够为学生提供高质量的心理咨询和辅导服务。通过专业认证,可以确保辅导员具备行业标准所要求的专业水平,提升辅导服务的质量和效果。

(二) 导师制度与个性化指导

在国外高校,导师制度被视为辅导员队伍建设的重要机制之一,为学生提供了个性化的学术和生活指导。导师制度的实施有助于促进学生的全面发展,增强他们的学习动力和自我管理能力。导师制度的核心在于建立师生关系,导师负责与学生建立亲密的联系。导师不仅仅是学生的指导者,更是他们的朋友和支持者。导师会倾听学生的需求和困扰,提供个性化的建议和支持,帮助他们解决学习和生活中的问题。这种亲密的师生关系有助于建立信任和尊重,促进双方之间的有效沟通和合作。

在导师制度下,导师扮演着学生的学术和生活指导者的角色。他们不仅会给予学生学业上的指导和建议,还会帮助他们规划职业生涯,提供职业发展方向的建议和支持。导师会关注学生的成长和发展,鼓励他们探索自己的兴趣和潜力,指导他们制定个人发展计划,助力他们实现自己的目标和梦想。导师制度的个性化指导有助于满足学生多样化的需求。每个学生都有自己的特点和优势,需要个性化的指导和支持。通过导师制度,学生可以获得针对性的帮助,解决自己的困难和问题,更好地发挥自己的潜力和才华。导师会根据学生的需求和情况,制定个性化的学习计划和指导方案,帮助他们实现个人和学业上的成长。

(三)跨学科合作与资源共享

在国外高校,辅导员队伍通常由来自不同学科背景的专业人士组成,他们共同开展跨学科合作,为学生提供全面的支持和指导。这种跨学科合作的机制旨在充分利用不同专业领域的知识和技能,为学生提供更加综合和多样化的服务。跨学科合作使得辅导员队伍能够更好地满足学生的多样化需求。由于来自不同学科背景的辅导员具有各自的专业知识和技能,他们能够从不同的角度出发,为学生提供全面的支持和指导。例如,心理学专业的辅导员可以帮助学生解决心理健康问题,教育学专业的辅导员可以提供学习策略和指导,社会工作专业的辅导员可以帮助学生解决社会问题和困境。

除了跨学科合作,辅导员之间还实现资源共享,分享最佳实践和经验。这种资源共享机制有助于提高辅导员队伍整体的水平和能力。辅导员可以通过交流分享自己的工作经验和成功案例,学习他人的做法和经验,不断提升自己的工作水平和效率。通过资源共享,辅导员队伍可以形成一个学习型组织,促进整体队伍的发展和进步。跨学科合作和资源共享的机制还有助于加强团队合作和协作精神。辅导员之间需要密切合作,共同制定学生的发展计划和指导方案,解决学生面临的问题和困难。通过团队合作,辅导员能够充分发挥各自的优势,实现优势互补,为学生提供更为全面和有效的支持和指导。

(四)持续专业发展与评估机制

在国外高校,持续的专业发展和绩效评估机制是辅导员队伍建设的重要组成部分。这些机制有助于确保辅导员保持专业素质,提升服务水平,促进辅导员队伍的不断发展和进步。持续的专业发展活动是辅导员保持专业素质的重要途径。辅导员需要参加各种学术会议、研讨会、培训课程等，不断更新自己的知识和技能。这些活动为辅导员提供了学习和交流的机会，使他们能够了解最新的教育理论和方法，掌握最新的专业知识和技能。通过持续的专业发展，辅导员能够不断提升自己的专业水平，提高服务质量，更好地满足学生的需求。

部分国外高校设立了辅导员绩效评估机制。这种机制旨在评估辅导员的工作表现，激励他们提高工作质量和效率。评估内容通常包括辅导员的学术成就、教学效果、学生满意度等方面。评估可以通过定期的考核、学生评价、同行评审等方式进行。通过绩效评估，学校可以及时发现和解决辅导员工作中存在的问题，激励优秀辅导员继续发挥其优势，提高整体队伍的水平。绩效评估机制还有助于建立正向的工作氛围和文化。辅导员会意识到自己的工作表现会受到评估，从而更加努力地工作，提高工作质量。评估结果也可以为学校提供重要的参考，帮助学校制定更合理的激励政策和发展规划，促进辅导员队伍的持续发展和进步。

（五）国际交流与经验分享

积极参与国际交流活动是国外高校辅导员队伍建设的重要组成部分。这种国际交流不仅有助于辅导员个人的专业成长，还能够为整个队伍带来丰富的经验和资源，提升辅导服务的质量和水平。国际交流活动为辅导员提供了一个与来自不同国家和地区的同行交流的平台。在这些交流活动中，辅导员可以分享自己的工作经验和最佳实践，了解其他国家和地区的辅导工作现状和发展趋势。通过与国际同行的交流，辅导员能够拓展自己的视野，开阔思路，获得新的启发和灵感，促进自身的专业成长和进步。

国际交流还有助于辅导员了解不同文化背景下学生的需求和挑战。在国外高校，来自不同国家和地区的学生拥有不同的文化背景、价值观念和生活习惯，面临着各自的困境和挑战。通过国际交流，辅导员可以深入了解不同文化背景下学生的心理特点和行为习惯，为跨文化辅导提供宝贵的经验积累和借鉴，更好地满足学生的多样化需求。国际交流活动还能够为辅导员队伍带来丰富的资源和合作机会。通过与国际同行的交流，辅导员可以建立起广泛的人脉关系和合作伙伴关系，获取国际化的教育资源和项目支持，为学生提供更为全面和多样化的辅导服务。国际交流还可以促进辅导员队伍之间的合作与共享，推动整个队伍的发展和进步。

二、国外高校辅导员队伍建设模式

（一）专业化模式

在现今教育体系中，专业化模式作为一种有效的辅导员队伍建设模式，在国外高校得到了广泛应用和认可。在这一模式下，辅导员队伍根据学科或专业领域进行组织，为每个学科或专业的学生提供专业化的辅导和指导服务。这种模式的核心理念在于，通过将辅导员与特定学科或专业联系起来，确保他们具备相关的学术背景和专业知识，以更好地理解学生的学术需求，并提供针对性的帮助。每个辅导员都专注于特定的学科或专业领域，具有丰富的学术背景和专业知识。这使得他们能够深入了解该领域的学习要求和挑战，为学生提供更为精准和有针对性的辅导。例如，一位数学专业的辅导员可以更好地帮助学生解决数学问题，而一位心理学专业的辅导员则可以提供更有效的心理支持。

学生与辅导员之间存在着共同的学科或专业背景，这种共鸣能够促进他们之间的沟通和理解。学生更愿意向专业辅导员寻求帮助，因为他们相信辅导员能够理解他们的学习困难并给予有效的支持。这种良好的师生关系有助于提高学生的学习积极性和学业成绩。虽然每位辅导员负责特定的学科或专业领域，但他们之间并不是孤立的个体。相反，他们常常会进行交流和合作，分享经验和资源，共同探讨解决学生问题的方法。这种团队合作精神有助于提高辅导员队伍整体的专业水平和服务质量。

（二）层级化模式

层级化模式是一种在国外高校中广泛采用的辅导员队伍建设模式。在这一模式下，辅导员队伍被按照不同的层级进行组织和管理，以应对学生的多样化需求。通常包括初级、中级和高级辅导员，每个层级负责处理不同层次和复杂度的问题，以提供更为有效的辅导支持。初级辅导员在层级化模式中扮演着重要角色。他们通常负责一般性的辅导工作，如课程规划、学术支持和基本的问题解答。初级辅导员与学生之间的接触较为频繁，能够及时了解学生的基本情况和需求，为他们提供必要的帮助和指导。他们是学生在面对学术挑战时的第一道支持线。

中级辅导员在层级化模式中扮演着衔接的角色。他们负责处理一些更为复杂的问题，如职业规划、实习安排和学术调整等。中级辅导员通常具有更丰富的经验和知识，能够为学生提供更为深入和全面的辅导服务。他们能够帮助学生制定长远的职业发展计划，并为他们提供相关的资源和支持。高级辅导员在层级化模式中扮演着领导和专业指导的角色。他们通常负责处理最复杂和困难的问题，如心理健康、学业困扰等。高级辅导员具有较高的专业水平和丰富的经验，能够为学生提供高水平的心理咨询和支持。他们也常常参与制定学校的辅导政策和方针，推动整个辅导员队伍的发展。

(三) 团队化模式

团队化模式是一种在国外高校中广泛采用的辅导员队伍建设模式。在这一模式下，辅导员队伍被组织成跨职能的团队，团队成员拥有不同的专业背景和技能，包括学业指导、职业规划、心理健康等方面。这些成员之间合作协调，共同为学生提供全方位的支持和服务。团队化模式的特点在于整合了各种资源和专业知识，能够为学生提供更全面、个性化的辅导服务。由于团队成员拥有不同的专业背景和技能，他们能够提供多样化的辅导服务。例如，学业指导员可以帮助学生制定课程计划和学习策略，职业规划员可以为学生提供就业指导和实习机会，心理健康专家可以提供心理咨询和支持。团队成员之间相互补充，共同为学生提供全面的支持。

在一个团队中，各个成员不是孤立工作的，而是共同合作为学生提供服务。他们可以通过定期会议和讨论，分享经验和资源，共同解决学生面临的问题。团队成员之间的合作能够提高工作效率，确保学生得到及时、准确的支持。由于团队成员之间合作协调，他们能够为学生提供更全面、个性化的支持。学生可以根据自己的需求，选择合适的团队成员进行咨询和辅导。这种个性化的服务能够更好地满足学生的需求，提高辅导服务的质量和效果。

(四) 社区化模式

社区化模式是一种在国外高校中逐渐受到关注和实践的辅导员队伍建设模式。在这种模式下，辅导员与学生之间建立了紧密的社区联系，他们不仅仅是学术上的指导者，更充当着学生生活中的导师和支持者。通过与学生建立良好的关系，辅导员能够更好地了解他们的需求和问题，并提供个性化的支持和建议。这种模式的实施有助于促进学生与学校的紧密联系，提高学生的学业成就和生活质量。社区化模式强调了辅导员与学生之间的亲密关系。辅导员不仅仅是学生的指导者，更是他们的朋友和导师。

他们愿意倾听学生的心声，关心他们的成长和发展，帮助他们解决各种问题和困惑。这种亲密的关系能够建立起一种信任和支持的氛围，让学生更愿意向辅导员寻求帮助。

辅导员通过与学生建立良好的关系，能够更深入地了解他们的需求和问题，从而提供更为个性化的支持和建议。无论是学业上的困难还是生活中的挑战，辅导员都能够给予学生及时的帮助和指导，让他们感受到学校的温暖和关怀。社区化模式也有助于促进学生与学校的紧密联系。通过与辅导员建立良好的关系，学生能够更加融入学校的大家庭中，参与到各种社区活动和学术项目中。他们感受到学校对他们的重视和关爱，从而更加努力地投入到学习和生活中，提高自己的学业成就和生活质量。

第六章 高校辅导员队伍建设的政策与制度保障

第一节 高校辅导员队伍建设的政策法规

一、教育部文件

教育部发布的文件和通知中通常包含了高校辅导员队伍建设的相关政策和指导方针。这些文件可能规定了辅导员的基本条件、聘用程序、职责范围以及绩效评价标准等，为高校提供了具体的指导。

（一）基本条件和聘用程序规定

教育部文件对于高校辅导员队伍建设的基本条件和聘用程序提供了具体规定，确保了辅导员队伍的素质和招聘程序的公平性。教育部文件在确定辅导员的基本条件时，通常会规定其学历要求。这些文件可能规定了辅导员应具备的最低学历水平，例如本科、硕士或博士学位等。学历要求的制定旨在确保辅导员具备足够的学术背景和专业知识，能够胜任学生辅导和指导的工作。通过明确学历要求，教育部文件为高校提供了招聘辅导员的基本标准。

教育部文件可能会规定辅导员应具备的专业背景要求。这些要求通常与辅导员所负责的学科或专业领域相关联。例如，在招聘数学辅导员时，教育部文件可能规定候选人需要具备数学或相关专业的学位或专业背景。这样的规定确保了辅导员具备了与学科相关的专业知识和技能，能够为学生提供专业的学术支持和指导。教育部文件还可能规定了辅导员应具备的工作经验要求。这些要求可能涉及到与学生工作相关的实践经验、教育经验或相关行业经验等。通过要求辅导员具备一定的工作经验，教育部文件可以确保他们能够胜任辅导工作，并为学生提供丰富的实践经验和指导。

教育部文件还可能规定了辅导员的招聘程序和程序，以确保招聘过程的公平、公正和透明。这些程序可能包括岗位公告、资格审核、笔试面试、专业能力测试、综合评价等环节。通过规定招聘程序和程序，教育部文件确保了所有应聘者都能够在公平的竞争环境中展示自己的能力和素质，从而选拔出最合适的人选担任辅导员职位。

（二）职责范围和任务分工指导

教育部文件在辅导员队伍建设中扮演着重要的角色，特别是在规定辅导员的职责范围和任务分工方面，为高校提供了具体的指导和制度保障。教育部文件可能会明确规定辅导员的职责范围。这些职责范围通常涵盖了学业指导、心理辅导、职业规划等方面。在学业指导方面，辅导员可能负责帮助学生制定课程计划、解决学习困难、提供学术支持等。在心理辅导方面，辅导员可能承担着倾听学生心声、解决心理问题、提供心理支持等工作。在职业规划方面，辅导员可能帮助学生进行职业测评、制定职业目标、寻找实习机会等。通过明确规定辅导员的职责范围，教育部文件为高校确立了辅导员的工作重点和方向。

教育部文件可能会规定辅导员的任务分工。在辅导员队伍中，不同岗位的辅导员可能承担着不同的任务和职责。例如，初级辅导员可能主要负责学业指导和基础心理辅导工作；中级和高级辅导员可能承担着更复杂和专业化的心理辅导和职业规划工作。此外，教育部文件还可能规定了辅导员队伍中不同岗位之间的协作与配合关系，以确保整个队伍能够有条不紊地开展工作。教育部文件可能会为辅导员的专业发展提供指导。这些文件可能规定了辅导员的培训计划、进修机会、专业发展路径等，以确保辅导员队伍的持续发展和提高工作质量。通过为辅导员的专业发展提供指导，教育部文件能够激励辅导员不断提升自身的专业水平和服务能力。

（三）绩效评价标准和考核机制规定

教育部文件对于辅导员队伍的绩效评价标准和考核机制的规定，是确保辅导员队伍的工作质量和效果得到有效评价和监督的重要保障。教育部文件可能规定了辅导员绩效评价的标准和指标。这些标准和指标通常包括工作业绩、专业能力、服务质量等方面。例如，工作业绩指标可能包括学生满意度、学业成绩提高率、就业率等；专业能力指标可能包括专业知识掌握程度、心理辅导技能等；服务质量指标可能包括服务态度、服务效率等。通过规定这些标准和指标，教育部文件为辅导员的工作绩效提供了具体的评价标准，便于进行客观、公正的评价。

教育部文件可能规定了辅导员绩效评价的评价程序和周期。评价程序可能包括自评、上级评价、同行评价等环节，以确保评价的客观性和全面性。评价周期可能根据实际情况确定，通常包括年度评价、定期评价等。通过规定评价程序和周期，教育部文件确保了辅导员的工作绩效能够得到及时、有效的评价和监督。

教育部文件可能还规定了对辅导员绩效不达标的处理办法和奖惩机制。对于绩效达标的辅导员可能给予表彰和奖励，以鼓励他们继续发挥良好的工作表现；而对于绩效不达标的辅导员可能采取培训、辅导、调整岗位等措施，以帮助他们提升工作能力；在严重情况下，可能会进行问责和处罚。通过规定奖惩机制，教育部文件促进了辅导员队伍的持续发展和提高工作质量。

二、学校章程和规章制度

高校的章程和规章制度也对辅导员队伍建设进行了规定。这些文件通常规定了辅导员的岗位设置、任职条件、职责分工、权利义务等方面的内容，为辅导员队伍的运作提供了制度保障。

（一）岗位设置规定

学校章程和规章制度在辅导员队伍建设中拥有重要作用，特别是在岗位设置方面。学校章程和规章制度为辅导员队伍制定了不同级别的岗位设置。这些级别通常包括初级、中级和高级辅导员等。初级辅导员可能是辅导员队伍中的入门级别，他们通常负责一般性的辅导工作，如课程规划、学术支持等。中级辅导员可能在初级辅导员的基础上承担更复杂和专业化的工作，如职业规划、心理辅导等。高级辅导员可能是辅导员队伍中的资深成员，他们通常负责领导团队、制定政策、开展培训等工作。通过不同级别的岗位设置，学校能够根据辅导员的能力和经验进行分级管理，合理安排工作任务，提高工作效率和质量。

学校章程和规章制度根据学校的实际情况和需求制定了相应的岗位设置规定。这些规定可能根据学校的规模、专业设置、学生人数等因素进行调整和制定。例如，规模较大的学校可能需要设置更多的辅导员岗位，以应对更多的学生需求；而专业设置较多的学校可能需要针对不同专业设置特定的辅导员岗位，以提供更专业化的辅导服务。通过根据实际情况制定岗位设置规定，学校能够更好地满足学生和教职员工的需求，提高工作效率和质量。

学校章程和规章制度还为不同级别的辅导员岗位提供了具体的职责和任务描述。这些描述可能包括岗位的主要职责、工作内容、工作要求等。通过明确岗位的职责和任务，学校能够使辅导员队伍的工作更加有条不紊，确保每个岗位都能够充分发挥其作用，为学生提供更好的支持和指导。

（二）任职条件规定

学校章程和规章制度在辅导员队伍建设中扮演着重要角色，特别是在规定辅导员的任职条件方面。学校章程和规章制度可能规定了辅导员的学历要求。这些规定旨在确保辅导员具备足够的学术背景和专业知识，能够胜任学生辅导和指导的工作。学历要求可能包括本科、硕士或博士学位等不同层次的要求，具体要求则根据岗位级别和工作性质而定。通过明确学历要求，学校能够选拔出具备相应学术水平的辅导员，提高辅导员队伍的整体素质。

学校章程和规章制度可能规定了辅导员的专业背景要求。这些要求通常与辅导员所负责的学科或专业领域相关联。例如，招聘数学辅导员时，学校可能要求候选人具备数学或相关专业的学位或专业背景。专业背景要求确保辅导员具备与学科相关的专业知识和技能，能够为学生提供专业的学术支持和指导。学校章程和规章制度可能规定了辅导员的工作经验要求。这些要求可能涉及与学生工作相关的实践经验、教育经验或相关行业经验等。通过要求辅导员具备一定的工作经验，学校可以确保他们能够胜任辅导工作，并为学生提供丰富的实践经验和指导。

学校章程和规章制度可能规定了辅导员的其他任职条件，如年龄要求、资格认证要求等。这些条件可能根据学校的实际情况和需求进行制定，旨在确保辅导员队伍的素质和能力。通过明确任职条件，学校能够选拔出具备足够资质和能力的辅导员人选，为学生提供更好的支持和指导。

（三）职责分工规定

学校章程和规章制度对于辅导员的职责分工进行规定，是为了确保辅导员队伍的工作能够有序进行，每个岗位都能够充分发挥作用，为学生提供全面的支持和指导。学校章程和规章制度可能明确规定了不同岗位辅导员的职责和任务。在学业指导方面,辅导员可能负责帮助学生制定课程计划、解决学习困难、提供学术支持等;在心理辅导方面,辅导员可能承担着倾听学生心声、解决心理问题、提供心理支持等工作;在职业规划方面,辅导员可能协助学生进行职业测评、制定职业目标、寻找实习机会等。通过明确这些职责和任务,学校能够使辅导员队伍的工作更加有针对性和高效。

学校章程和规章制度可能根据辅导员队伍的实际情况和需求,对不同岗位的辅导员进行职责分工。例如,初级辅导员可能主要负责学业指导和基础心理辅导工作,而中级和高级辅导员可能负责更复杂和专业化的心理辅导和职业规划工作。通过合理的职责分工,学校能够根据辅导员的能力和经验进行合理安排,使每个岗位都能够充分发挥作用,提高工作效率和质量。学校章程和规章制度可能还规定了辅导员队伍中不同岗位之间的协作与配合关系。这些规定可以促进辅导员队伍的团队合作和信息共享,确保工作能够有机衔接和协调。通过明确协作与配合关系,学校能够使辅导员队伍的工作更加有序和高效。

(四)权利义务规定

学校章程和规章制度对于辅导员的权利和义务进行规定,是为了明确辅导员的工作范围和责任,促进辅导员队伍的健康发展和高效运作。这些权利可能包括培训和发展机会,以帮助辅导员不断提升自己的专业水平和能力;同时,辅导员也有权享有合理的工作条件,包括良好的工作环境、合理的工作安排等。通过规定这些权利,学校能够保障辅导员的合法权益,激励他们更好地投入到工作中,提高工作效率和质量。

辅导员在工作中有责任遵守学校的规章制度和相关法律法规,维护学校的声誉和利益;同时,他们也有责任尊重学生的权益,保护学生的隐私和个人信息。除此之外,辅导员可能还有其他的职责和义务,如积极参与学校活动、关注学生的成长发展等。通过规定这些义务,学校能够明确辅导员的工作责任,促进辅导员队伍的规范运作和高效服务。学校章程和规章制度可能还规定了辅导员在工作中的其他权利和义务。例如,辅导员可能享有言论自由和表达观点的权利,但也有责任确保言论符合学校的价值观和规定;同时,辅导员可能还有权利提出改进建议和意见,但也有责任积极配合学校的决策和工作安排。通过规定这些权利和义务,学校能够建立起健全的工作机制,保障辅导员队伍的正常运作和服务质量。

三、职称评定办法

针对辅导员队伍的职称评定办法是辅导员队伍建设的重要组成部分。这些评定办法规定了辅导员晋升职称的条件、程序和标准，为辅导员队伍的发展提供了明确的方向和目标。

（一）评定条件规定

职称评定办法的评定条件规定是辅导员队伍建设中的关键部分，主要用于确保辅导员队伍的素质和能力，为辅导员的职业发展提供了明确的参考标准。职称评定办法通常规定了辅导员晋升职称的学历要求。不同职称级别可能对学历背景有不同的要求，例如，晋升初级辅导员可能要求本科学历，而晋升高级辅导员可能要求硕士或博士学位。这些学历要求旨在确保辅导员具备足够的学术背景和专业知识，能够胜任辅导员的工作职责。

评定条件规定还可能包括工作年限要求。辅导员晋升职称通常需要一定的工作经验积累，以确保其在工作中具有丰富的实践经验和能力。例如，晋升高级辅导员可能需要较长的工作年限，而晋升初级辅导员则可能需要较短的工作年限。这些工作年限要求能够反映出辅导员在工作中的成长和积累，为评定提供了客观的依据。评定条件规定还可能涉及辅导员在学生指导、学术研究、社会服务等方面的业绩表现。辅导员在这些方面的表现将被作为评定的重要依据，以衡量其在职称晋升中的综合能力和水平。例如，辅导员可能需要在学生指导方面取得一定的成绩，如学生毕业率、升学率等；在学术研究方面，可能需要发表一定数量和质量的学术论文或参与科研项目；在社会服务方面，可能需要积极参与学校和社会活动，为学校和社会做出贡献。

（二）评定程序规定

职称评定办法中的评定程序规定是确保辅导员晋升职称过程公平、公正、透明的重要环节。辅导员需要根据职称评定办法的要求，提交申请晋升职称的申请材料。这些材料可能包括个人简历、学术成果清单、教学评价、社会服务记录等。申请程序的规定使得辅导员能够清楚了解到申请晋升职称的必要步骤和所需材料，为申请流程提供了明确的指引。

一旦辅导员提交了晋升职称的申请材料，这些材料将会被提交给专门的评审委员会进行评审。评审委员会可能由学校内部的专家学者和资深辅导员组成，负责对申请材料进行评审，并根据评定条件规定进行评定。评审程序的规定确保了评审过程的专业性和严谨性，为辅导员的职称评定提供了可靠的保障。

评定程序规定还可能包括复核程序。在评审委员会对辅导员的申请材料进行评审之后，可能会出现一些辅导员对评审结果提出质疑或不满的情况。此时，职称评定办法可能规定了复核程序，即辅导员可以提出复核申请，由相关部门对评审结果进行重新审查。复核程序的规定确保了评定结果的公正性和准确性，为辅导员提供了追求公平的途径。

（三）评定标准规定

职称评定办法中的评定标准规定是辅导员晋升职称过程中的关键部分，旨在确保评定过程的科学性和准确性，促进辅导员队伍的健康发展。评定标准通常涵盖了辅导员在学术水平方面的表现。这包括辅导员在学术研究领域的成果，如发表的学术论文、参与的科研项目等。评定标准可能规定了发表论文的数量和质量要求，以及参与科研项目的情况，以反映辅导员在学术研究方面的水平和能力。

评定标准可能涵盖了辅导员在教学能力方面的表现。这包括辅导员在课堂教学中的教学效果、学生评价等。评定标准可能考虑到辅导员的教学反馈情况、教学评估结果等，以客观评价辅导员在教学工作中的表现。评定标准还可能考虑了辅导员在科研成果方面的表现。除了发表论文和参与科研项目外，评定标准还可能包括辅导员在科研领域的其他成果，如专著、专利等。这些科研成果的贡献将作为评定辅导员综合能力的重要依据之一。

评定标准还可能涵盖了辅导员在社会服务方面的表现。辅导员在学校和社会活动中的参与情况、所做出的贡献等都可能被考虑在评定标准中。这些社会服务的表现将反映辅导员在社会责任感和服务精神方面的表现。

四、人事管理规定

高校人事管理部门发布的相关规定也涉及到辅导员队伍建设。这些规定可能包括辅导员的招聘、培训、考核、奖惩等方面的内容，为辅导员队伍的管理提供了指导。

（一）招聘规定

人事管理部门的招聘规定是高校辅导员队伍建设中的重要组成部分，其主要目的在于确保招聘过程的公平、公正和透明，从而为高校选拔优秀的辅导员人才提供了制度保障。招聘规定通常会涵盖招聘的程序流程。这些程序流程可能包括招聘需求的确定、岗位发布、应聘者资格审核、笔试或面试等环节。招聘程序流程的规定能够使招聘工作有条不紊地进行，确保每一个环节都符合规定，避免出现不公平或不合理的情况。

招聘规定可能会规定招聘条件的要求。这些要求通常涉及到应聘者的学历背景、专业技能、工作经验等方面。例如，招聘规定可能规定了初级、中级、高级辅导员不同级别的学历要求，以及对相关专业背景和工作经验的要求。这些条件的明确规定有助于筛选出符合岗位要求的合适人选。招聘规定可能包括面试和评审的标准。面试和评审是招聘过程中的重要环节，能够更全面地了解应聘者的能力、素质和适应性。招聘规定可能规定了面试的内容、评审委员会的组成、评审标准等方面的内容，以确保面试和评审的公正和科学性。

（二）培训规定

人事管理部门发布的培训规定是为了提高辅导员的专业水平和能力，以确保他们能够更好地为学生提供支持和指导。培训规定可能包括培训计划的制定。这些计划通常由人事管理部门与相关教学单位合作制定，旨在确保培训工作有序进行。培训计划可能涵盖了培训的时间安排、培训内容、培训对象等方面，以确保培训工作的全面性和系统性。培训内容可能涵盖学科知识更新、教学方法改进、心理辅导技巧等方面。这些内容的规定旨在确保培训的针对性和实用性，使辅导员能够及时掌握最新的教学理念和技术，提升自身的专业水平和能力。

培训方式可能包括集中培训、分散培训、在线培训等多种形式，以适应不同辅导员的需求和实际情况。培训规定可能规定了培训方式的选择标准、培训资源的调配等内容，以确保培训工作的灵活性和有效性。培训效果的评估是培训工作的重要环节，能够及时发现问题、改进工作。培训规定可能规定了培训效果评估的指标、方法和周期，以确保培训工作的持续改进和提高。

（三）考核规定

考核规定可能涉及考核周期的规定。考核周期通常是一定时间内对辅导员工作进行全面评估的时间间隔，以确保辅导员的工作质量得到及时监督和评价。这些规定可能包括考核的频率、起始时间和结束时间等内容，以便及时发现问题并采取相应措施加以改进。考核内容是对辅导员工作表现进行评价的重要依据，通常涵盖学术指导、学生管理、科研成果、社会服务等方面。这些规定可能包括具体的考核指标和评价标准，以确保考核内容的科学性和全面性。

考核方式是评价辅导员工作表现的具体手段和方法，可以包括定期考核、抽查考核、个人述职、同行评议等形式。这些规定旨在确保考核过程的公平、公正和客观性，为辅导员提供公开透明的考核环境。考核结果的利用是考核工作的重要环节，其目的在于对辅导员的工作表现进行总结和评价，为其提供发展的方向和动力。这些规定可能包括考核结果的反馈机制、考核结果的利用途径和方式等内容，以确保考核结果得到充分利用并产生积极的影响。

（四）奖惩规定

人事管理部门发布的奖惩规定是对辅导员队伍建设的重要组成部分，其目的在于激励优秀表现的辅导员，同时对不良行为进行惩处，从而保持辅导员队伍的积极性和纪律性。奖励措施旨在激励优秀表现的辅导员，鼓励其在学术指导、学生管理、科研成果、社会服务等方面取得突出成绩。这些奖励措施可能包括表彰、奖金、荣誉称号、晋升职称等，以及提供进修、培训和发展机会等方式，为辅导员的积极工作提供了实际的激励。

奖励条件明确了获得奖励的具体要求和标准，例如，达到一定的工作业绩、完成特定的任务、取得突出的成就等。这些奖励条件的明确规定有助于激励辅导员努力工作，提高工作质量和效率。惩罚措施针对不良行为进行惩处，以维护辅导员队伍的纪律性和形象。惩罚措施可能包括警告、记过、降职、停职、开除等不同形式，根据违纪情节和性质的严重程度进行相应的惩处，以确保辅导员队伍的健康发展和良好形象。

惩罚依据明确了违纪行为的界定标准和处理程序，以确保惩罚过程的公正和合理。这些依据可能包括相关法律法规、学校章程和规章制度、工作责任书等，为对不良行为进行准确评估和处理提供了依据和参考。

五、财政支持政策

政府和教育部门可能还会制定相关政策,为高校提供财政支持,用于辅导员队伍建设。这些政策可能包括经费拨款、项目资助、奖励政策等,为高校提供了物质基础,促进辅导员队伍建设的顺利进行。

(一)经费拨款

政府和教育部门向高校拨款用于辅导员队伍建设是确保高校教育质量和学生服务水平的重要举措。经费拨款是保障辅导员队伍建设的物质基础。这些经费可以用于多个方面,包括招聘新辅导员,提高现有辅导员的薪资待遇,购买必要的培训设备和工具,举办培训活动等。通过这些资金的投入,高校能够保证辅导员队伍的数量和质量,提升辅导员的工作效率和服务水平。

经费拨款有助于提升辅导员队伍的素质和能力。高薪吸引了优秀的人才加入辅导员队伍,同时也激励现有辅导员不断提升自身的专业水平。购买培训设备和工具,举办培训活动等举措,则为辅导员提供了学习和成长的机会,使其能够适应不断变化的教育环境和学生需求。经费拨款还能够促进辅导员队伍的团队建设和协作精神。这些资金的投入不仅仅关注个体辅导员的发展,也关注辅导员队伍整体的发展。通过共同的培训活动、专业交流等机会,辅导员之间加强了沟通与合作,形成了良好的团队氛围,提高了工作效率和质量。

经费拨款为高校辅导员队伍建设提供了可持续的发展保障。由于辅导员队伍建设是一个长期的过程,需要持续的投入和支持。政府和教育部门的经费拨款能够确保辅导员队伍建设工作的稳定进行,为高校提供持续的教育服务保障。

(二)项目资助

政府和教育部门设立专项项目为高校提供资金支持,是促进辅导员队伍建设的重要举措。项目资助为高校提供了额外的资金来源。这些专项项目可能包括学生心理健康支持计划、职业规划指导项目、学生创新创业支持计划等,针对不同的领域和需求设立。这些项目的资金来源通常来自政府和教育部门的专项拨款,为高校提供了额外的资金支持,使得辅导员队伍建设能够更加全面和专业化。

通过设立针对特定领域或项目的专项资助项目，政府和教育部门能够引导高校将资金用于辅导员队伍建设的特定方向和目标上。例如，学生心理健康支持计划的资助可以用于拓展辅导员的心理咨询技能；职业规划指导项目的资助可以用于培训辅导员的职业规划知识和技能。这些项目的资助使得辅导员队伍能够更加专业化地满足学生的多样化需求。项目资助还能够提升高校辅导员队伍的服务水平和影响力。通过专项项目的资助，高校辅导员得以参与到各种重要项目中，为学生提供更加全面和专业的服务。这些项目的开展不仅提升了辅导员队伍的专业能力，也增强了辅导员在学校中的影响力和地位，进一步推动了高校辅导员队伍建设的进程。

（三）奖励政策

政府和教育部门设立奖励政策是为了激励高校在辅导员队伍建设方面取得突出成绩和表现，从而推动高校辅导员队伍建设的进程。奖励政策为高校提供了激励和动力。通过设立奖励政策，政府和教育部门向高校传递了积极的信号，表明对辅导员队伍建设的重视和支持。这种激励机制能够激发高校的积极性和创造性，促使其在辅导员队伍建设方面采取更加积极的措施，提高工作质量和效率。

通过对取得突出成绩和表现的高校和辅导员进行奖励，政府和教育部门可以树立先进典型，激发更多高校的学习和借鉴。这种经验分享和借鉴能够促进高校之间的交流与合作，推动整个辅导员队伍建设工作的共同进步。奖励政策可以提升辅导员队伍的工作积极性和责任感。辅导员们在奖励政策的激励下，会更加努力工作，提高工作质量，积极为学生的全面发展和成长做出贡献。这种工作积极性和责任感的提升将有助于进一步推动高校辅导员队伍建设的深入开展，促进学校教育事业的健康发展。

奖励政策能够增强高校辅导员队伍的凝聚力和向心力。通过对辅导员队伍的优秀成绩和表现进行奖励，政府和教育部门能够增强辅导员队伍的集体荣誉感和归属感，提高队伍的凝聚力和向心力，促进团队的稳定发展和协同合作。

第二节 高校辅导员队伍建设的制度建设

一、招聘与选拔制度

在招聘过程中，必须确立清晰的条件和标准，以确保选拔到适合岗位的人才。招聘与选拔制度的建立需要明确的招聘条件和标准。在确定招聘条件时，需要根据岗位的职责和要求制定相应的条件，如学历、工作经验、技能等。例如，对于辅导员岗位，可能需要具备心理学、教育学或相关专业的学历背景，以及一定的实践经验。招聘标准则是对应聘者的综合素质进行评估的依据，应包括专业能力、综合素质、沟通能力等方面的要求。

建立健全的招聘与选拔制度需要注重候选人的专业背景。辅导员作为学生的重要指导者和心理支持者，其专业背景直接关系到其在工作中的表现和影响力。因此，在招聘过程中，应优先考虑具有相关专业背景和知识的候选人。例如，心理学、教育学、社会工作等专业的毕业生通常具备较强的心理辅导和人际关系处理能力，适合担任辅导员岗位。辅导员工作需要具备较高的情商和心理承受能力，能够应对学生的情绪问题和心理困扰。因此，在选拔过程中，应注重候选人的情绪稳定性、沉着冷静的态度以及处理压力的能力。这些素质的存在将有助于候选人更好地履行辅导员的职责，有效地帮助学生解决问题。

作为学生的重要联系人和沟通桥梁，辅导员需要具备良好的沟通能力，能够与学生、家长和其他教职员工进行有效的沟通和协调。因此，在选拔过程中，应通过面试等方式评估候选人的口头表达能力、倾听能力和解决问题的能力，以确保招聘到具有良好沟通能力的辅导员。

二、培训与提升制度

确立全面的培训与提升制度是高校辅导员队伍建设中不可或缺的一环。这一制度包括入职培训、在职培训和晋升机制等内容，旨在不断提升辅导员的专业水平和服务质量，以更好地适应高校教育发展的需求。在教育事业日益发展的今天，高校辅导员需要不断更新自己的知识和技能，以更好地适应不同学生群体的需求。因此，设立完善的入职培训制度至关重要。入职培训应包括校园文化、学生管理、心理咨询等方面的内容，旨在帮助新任辅导员尽快熟悉工作环境和工作内容，提高其工作效率和服务质量。

为了满足辅导员不断提升自身专业水平的需求，建立完善的在职培训制度也是必不可少的。在职培训可以包括学术研讨会、专业技能培训、心理咨询技巧等多方面内容，通过不同形式的培训活动，帮助辅导员不断提高自己的专业素养和服务水平，更好地应对日益复杂的学生问题和挑战。晋升机制应该根据辅导员的工作业绩、专业能力和培训成绩等方面进行评估，为优秀的辅导员提供晋升的机会和空间。同时，晋升机制也应该激励辅导员不断提升自身素质，促进其个人成长和职业发展。

三、考核与激励制度

确立科学合理的考核与激励制度对于高校辅导员队伍的建设至关重要。这一制度通过对辅导员工作绩效的评估，旨在激励其积极投入工作，提高工作效率和质量，从而更好地服务学生和学校的发展。在高校管理体系中，建立有效的考核机制是保证工作正常运转的关键。因此，科学合理的考核制度应该充分考虑到辅导员的工作内容和特点，采取多种评价方法，如定期考核、绩效评估、学生反馈等，全面客观地评估辅导员的工作表现。这样的考核机制可以帮助辅导员清晰了解自己的工作表现，发现不足之处，并及时进行改进和提升。

通过设立奖励机制，对表现优秀的辅导员给予物质和荣誉上的奖励，以激励其更加积极地投入工作，提高工作效率和质量。这种激励制度不仅可以增强辅导员的工作动力，还可以树立起良好的工作氛围，促进辅导员队伍的整体提升。此外，考核与激励制度还应该注重公平和公正，避免一刀切和片面评价。评价标准应该具体明确，客观公正，充分考虑到辅导员的工作实际情况和特点，避免出现不公平对待的情况。只有这样，才能保证考核与激励制度的有效实施，真正起到激励辅导员积极工作的作用。

四、管理与督导制度

确立健全的管理与督导制度是高校辅导员队伍建设的基础和保障。这一制度旨在明确辅导员的工作职责和权利，加强对其工作的监督与指导，以保障工作的正常运转和学生服务的质量。高校辅导员作为学生成长和发展的重要支持者，其工作职责和权利应当得到明确界定。因此，建立健全的管理与督导制度需要首先明确辅导员的工作职责，包括学生心理健康教育、学生学业指导、学生生活辅导等方面。同时，也需要明确辅导员的权利，如工作自主权、言论自由权等，以保障其正常开展工作的权益。

管理与督导制度的建立不仅需要明确辅导员的工作职责和权利，还需要加强对其工作的监督与指导。这包括建立定期考核和评估机制，对辅导员的工作进行全面客观的评价，及时发现问题并提出改进意见。同时，还需要加强对辅导员的培训和培养，提升其专业水平和工作能力，以更好地适应学生和社会的需求。另外，建立健全的管理与督导制度还需要强化对辅导员工作的指导和支持。这包括提供必要的工作资源和条件，为辅导员提供工作指导和咨询服务，帮助其更好地开展工作。同时，还可以建立辅导员之间的交流平台，促进经验分享和互助合作，提升整个团队的工作效率和质量。

五、退出与补充制度

确立健全的退出与补充制度对于高校辅导员队伍的稳定性和可持续发展至关重要。这一制度旨在及时处理不适应或不符合工作要求的辅导员，同时保障队伍的整体稳定性，并及时补充新的人才，以确保高校辅导员队伍的持续发展。在高校辅导员队伍中，如果存在不适应或不符合工作要求的个体，及时进行退出或调整是维护整体队伍稳定性的关键。因此，建立健全的退出机制是必不可少的。这一机制可以通过定期考核和评估等方式进行，对辅导员的工作表现和绩效进行全面客观的评价，发现存在问题的个体，并及时进行调整或退出。

为了保障辅导员队伍的稳定性和可持续发展，还需要建立健全的补充机制。这包括定期进行辅导员队伍的需求评估，根据实际需求和工作情况，及时进行新人的招聘和补充。招聘过程应该严格按照规定程序进行，注重招聘对象的专业背景、工作经验和综合素质，确保招聘到适合岗位的人才。除此之外，为了确保新补充的人才能够快速融入工作，并发挥其应有的作用，还需要建立健全的培训和帮扶机制。这包括对新人进行入职培训，介绍工作内容和工作流程，提供必要的工作支持和指导，帮助其尽快适应工作环境和工作要求。

第三节　高校辅导员队伍建设的保障措施

一、建立健全的制度体系

确立健全的制度体系是高校辅导员队伍建设的基础和关键，它包括了招聘与选拔制度、培训与提升制度、考核与激励制度、管理与督导制度、退出与补充制度等多个方面。这些制度的建立旨在确保辅导员队伍的正常运转和持续发展，提升服务质量，满足学校教育的需求。招聘与选拔制度是保障辅导员队伍质量的重要保证。通过设立明确的招聘条件和标准，选拔具备优秀素质和专业背景的候选人，从而确保辅导员队伍的整体水平。同时，注重选拔具有良好心理素质和沟通能力的候选人，以提升服务质量。

建立完善的培训体系，包括入职培训、在职培训和晋升培训等，为辅导员提供学习和发展的机会，促进其不断成长和进步，适应高校教育发展的需要。考核与激励制度是激发辅导员工作积极性和提高工作效率的关键机制。通过建立科学合理的考核机制，对辅导员的工作绩效进行评估，及时发现问题并提出改进意见。同时，设立奖励机制，对表现优秀的辅导员给予相应的物质和荣誉奖励，以激励其持续发展。

管理与督导制度是保障辅导员队伍正常运转的重要保障。通过明确辅导员的工作职责和权利，加强对其工作的监督与指导，确保工作的有序进行和服务质量的提升。退出与补充制度是保持辅导员队伍稳定和健康发展的重要保障。建立科学合理的退出机制，及时调整不适应或不符合工作要求的辅导员，并及时补充新的人才，保障队伍的整体稳定性和发展。

二、提供全面的培训与发展机会

为了确保高校辅导员队伍的素质和服务水平不断提升，提供全面的培训与发展机会是至关重要的。这包括入职培训、在职培训以及晋升培训等多方面，旨在帮助辅导员适应高校教育的不断变化和发展，提升其专业水平和服务质量。入职培训是新任辅导员适应工作的第一步，也是建立专业基础的关键。通过入职培训，新任辅导员可以了解学校的组织结构、工作流程和规章制度，熟悉辅导员的职责和工作要求，为其顺利开展工作打下基础。

随着高校教育的不断发展和变化，辅导员需要不断更新自己的知识和技能，以适应新形势下的工作需求。在职培训可以包括学术研讨会、专业技能培训、心理咨询技巧等内容，帮助辅导员不断提升专业水平和服务质量。除了基础培训之外，晋升培训也是提升辅导员队伍整体素质的重要途径。通过晋升培训，辅导员可以了解更高级别的工作要求和管理技能，提升自己的领导能力和团队管理能力，为未来的职业发展奠定基础。

提供全面的培训与发展机会不仅有利于辅导员个人的成长和发展，也有助于提升整个队伍的专业素质和服务水平。通过不断学习和提升，辅导员可以更好地适应高校教育的发展需求，更好地服务学生和学校的发展。因此，高校应该注重提供全面的培训与发展机会，为辅导员队伍的健康发展提供坚实支持。

三、建立有效的考核与激励机制

科学合理的考核制度可以评价辅导员的工作绩效，激励其积极投入工作，提高工作效率和质量。同时，设立奖励机制，对表现优秀的辅导员给予物质和荣誉上的奖励，以激励其持续发展。通过明确的考核标准和评价体系，对辅导员的工作进行全面、客观的评估，及时发现问题并提出改进意见。这有助于辅导员清晰了解自己的工作表现，发现不足之处，进而改进工作方法，提高工作效率和服务质量。

考核制度应该结合辅导员的具体工作内容和实际情况，注重量化指标和定性评价相结合。除了定期的绩效评估外，还可以通过学生和同事的反馈、工作成果等多方面来评价辅导员的工作表现，确保考核结果全面客观、准确可靠。奖励可以包括物质奖励和荣誉奖励两种形式，例如提供奖金、荣誉证书、表彰大会等方式，对表现优秀的辅导员给予公开认可和嘉奖。这不仅可以激发辅导员的工作积极性，还可以树立良好的工作氛围，促进队伍的整体发展。此外，要保证奖励机制的公平和公正，避免任人唯亲或势力斗争等不良现象的发生。奖励应该建立在客观公正的评价基础上，遵循程序公正、结果公平的原则，确保每一位辅导员都能够获得公正的待遇和认可。

四、加强管理与督导

确立健全的管理与督导制度是保障高校辅导员队伍正常运转和学生服务质量的重要举措。这一制度旨在明确辅导员的工作职责和权利，加强对其工作的监督与指导，以保障工作的正常开展和服务质量的提升。在高校管理体系中，建立有效的管理与督导制度是保障工作顺利进行的重要保障。首先，需要明确辅导员的工作职责和权利，确保其知晓工作范围和责任。通过明确的工作岗位说明书和相关文件，可以清晰界定辅导员的工作内容和要求，避免工作范围模糊和责任不清的情况发生。

通过建立定期检查和评估机制，对辅导员的工作进行全面、客观的评价，及时发现问题并提出改进意见。同时，加强对辅导员的工作指导和支持，提供必要的工作资源和条件，帮助其更好地开展工作。另外，建立健全的督导制度也是保障服务质量的重要手段。通过设立专门的督导机构或工作组织，负责对辅导员的工作进行定期督查和跟踪，确保工作的有效开展和服务质量的提升。同时，可以借助现代科技手段，建立在线监督平台或 APP，方便督导人员及时了解辅导员的工作情况，及时发现和解决问题。建立有效的管理与督导制度还需要注重对辅导员的培训和提升。通过组织专业培训和学习交流活动，提升辅导员的专业水平和服务能力，为其更好地开展工作提供支持和帮助。

五、实施科学合理的退出与补充机制

这一机制旨在及时处理不适应或不符合工作要求的辅导员，同时保障队伍的整体稳定性，并及时补充新的人才，以确保高校辅导员队伍的持续发展。建立健全的退出机制是维护队伍稳定的关键。对于不适应或不符合工作要求的辅导员，应该及时进行退出或调整。这需要建立明确的退出标准和程序，例如工作绩效不达标、违反工作纪律、无法胜任工作等情况，都可以作为退出的依据。通过科学合理的退出机制，可以及时调整队伍结构，提升队伍整体素质。

根据实际需求和工作情况，及时补充新的人才，可以有效弥补队伍中的空缺，保障工作的正常开展。补充新人才应该根据招聘条件和标准，选拔具备优秀素质和专业背景的候选人，并进行专业培训和适应期，帮助其快速融入工作。同时，补充新人才的过程应该注重公平公正，避免任人唯亲或势力斗争等不良现象的发生。招聘过程应该严格按照规定程序进行，避免主观偏见和不公平待遇，确保每一位候选人都有平等的机会竞争。

为了提高新人才的工作效率和服务质量，应该加强对其的培训和指导。通过入职培训和工作指导，帮助新人才了解工作内容和要求，熟悉工作流程和团队合作，快速适应工作环境和工作要求，提高工作效率和质量。

第四节　高校辅导员队伍建设的政策落实与效果评估

一、高校辅导员队伍建设的政策落实

（一）政策法规的明确性

政策法规的明确性是高校辅导员队伍建设的基石。在高等教育体系中，辅导员扮演着至关重要的角色，他们不仅仅是学生的指导者和支持者，更是学校教育事业的重要组成部分。然而，要使他们能够更好地履行职责，政策文件的明确定位和规范对于辅导员队伍建设至关重要。辅导员既是学生的引路人，也是学校管理的执行者，他们在校园中承担着引导学生学业、生活、就业等方面的责任。因此，政策文件应该明确指出辅导员的双重角色，使其在实践中能够更好地发挥作用。

辅导员的工作涉及到学生的多个方面，包括但不限于心理健康辅导、学业指导、就业指导等。因此，政策文件应该对辅导员的具体工作职责进行详细的规定，以确保他们能够全面地开展工作。辅导员的选拔应该注重专业能力和个人素质的综合评价，只有具备了相关的专业知识和丰富的工作经验，才能够更好地胜任这一岗位。因此，政策文件应该对辅导员的选拔条件进行明确规定，以保证他们的素质和能力。辅导员是学校中的重要岗位，他们的晋升应该有明确的标准和程序。政策文件应该明确规定辅导员的晋升条件和程序，以激励他们不断提升自我，为学校的发展贡献力量。

（二）选拔任用机制的规范化

在当今教育环境中，选拔合适的辅导员人选至关重要，因此，政策应该着重规范选拔任用机制，以确保选拔程序的公开透明、公平公正，从而选拔出具备专业素养和敬业精神的辅导员人选。政策应该明确选拔条件和程序。明确的选拔条件和程序是选拔任用工作的基础，也是确保选拔过程公平公正的关键。政策文件应该规定辅导员人选需要具备哪些专业素养和个人品质，并明确选拔的程序和流程，以确保选拔工作的规范进行。

建立选拔评审机构是确保选拔过程公正的重要举措。选拔评审机构应该由具有丰富经验和专业知识的人员组成，他们应该按照政策文件规定的条件和程序，对候选人进行客观公正的评审，确保选拔工作的公平性和合法性。加强考察调查是选拔任用机制规范化的重要环节。在选拔过程中，应该加强对候选人的考察调查工作，了解其真实的工作能力和个人品德，以便更好地选拔出合适的辅导员人选。

政策文件应该对选拔任用机制进行全面的监督和评估。只有通过对选拔任用机制的监督和评估，才能够及时发现问题并加以解决，确保选拔工作的公平公正和规范进行。

（三）培训培养政策的实施

确立明确的培训培养政策对于高校辅导员队伍的发展至关重要。这项政策应当着眼于建立完善的培训体系，制定具体的培训计划，并提供必要的培训资源，以推动辅导员队伍的专业发展和能力提升。同时，政策也应该鼓励辅导员积极参与终身学习，不断提升自身素质和专业能力，以适应教育事业的发展和学生需求的变化。

在建立完善的培训体系方面，政策应该明确规定培训的内容、形式和对象。培训内容应该包括但不限于心理健康指导、学业规划指导、就业指导等方面的专业知识和技能。培训形式可以采取线上线下相结合的方式，以满足不同辅导员的需求。培训对象应该覆盖所有在岗辅导员，并且要根据其不同的工作年限和专业背景进行分类培训，以确保培训的针对性和实效性。

政策文件应该规定每年的培训计划，并明确培训的时间安排、内容安排和培训机构，以确保培训工作的有序开展。同时，政策文件还应该规定培训计划的评估机制，对培训效果进行评估，及时调整和完善培训计划，以提高培训的实效性和针对性。政策文件应该明确规定培训资源的来源和分配方式，确保培训所需的人力、物力和财力资源得到充分保障。同时，政策文件还应该鼓励学校和相关部门积极支持培训工作，提供必要的支持和协助，以确保培训工作的顺利开展。

政策文件应该明确规定辅导员参与终身学习的义务和权利，鼓励他们利用各种学习资源，不断提升自身的专业素质和能力。同时，政策文件还应该建立健全的终身学习机制，为辅导员提供学习的机会和平台，以促进其个人成长和职业发展。

（四）激励保障机制的完善

激励保障机制涵盖了薪酬待遇、职称评定、奖励激励等多个方面，通过合理的政策举措，可以提高辅导员队伍的积极性和凝聚力，同时也能够吸引更多优秀人才从事辅导员工作。辅导员作为学校中不可或缺的一员，其工作量和责任相对较大，因此应该得到合理的薪酬待遇。政策文件应该明确规定辅导员的薪酬水平，并根据其工作表现和职业发展情况进行适度调整，以保障其基本生活需求和工作积极性。

职称评定是衡量辅导员工作能力和业绩的重要标准，应该建立公正、公平的评定机制。政策文件应该明确规定职称评定的条件和程序，并加强对评定过程的监督和评估，确保评定工作的公正性和权威性。及时有效的奖励激励可以有效激发辅导员队伍的工作热情和创造力，促进其持续发展。政策文件应该明确规定各类奖励的设立条件和标准，并建立奖励申报和评定的程序，以确保奖励激励的公平公正和及时有效。此外，政策还可以探索其他激励保障措施，如提供住房、子女教育等方面的福利待遇，加强对辅导员的培训和发展支持，为其提供更广阔的职业发展空间等。这些举措可以进一步增强辅导员队伍的凝聚力和向心力，提升其工作积极性和专业水平。

（五）考核评价制度的建立

科学合理的考核评价制度的建立应当涵盖明确的考核指标、建立评价标准、设立考核机构等多个方面，旨在促进辅导员队伍的不断提高和优化。考核指标应当全面反映辅导员的工作内容和职责，包括但不限于学生指导工作、心理健康辅导、学业指导、就业服务等方面。这些指标应当具体明确、量化可操作，以便能够客观评价辅导员的工作表现。

建立评价标准是确立考核评价制度的重要步骤。政策文件应当明确规定评价标准，包括各项考核指标的权重、评分标准等内容。评价标准应当公平公正，能够客观反映辅导员的工作实际情况，为其提供明确的工作目标和发展方向。另外，政策还应当设立专门的考核机构。这一机构可以由学校相关部门或者专门成立的评价委员会担任，负责组织和实施辅导员的考核评价工作。考核机构应当具有一定的权威性和专业性，能够保证考核评价工作的公正公平和科学合理。

除了定期的综合考核评价外，政策还可以鼓励建立多元化的评价方式，包括学生评价、同行评价、自我评价等。这些评价方式能够从不同角度全面了解辅导员的工作表现，为其提供更加全面和准确的评价结果。政策文件应当规定对考核评价结果的应用和反馈机制。优秀表现的辅导员应当给予适当的奖励和激励，鼓励其继续努力和提高。同时，对于表现不佳的辅导员，应当采取相应的帮助和改进措施，以帮助其提升工作水平和能力。

二、高校辅导员队伍建设的效果评估

(一) 学生满意度调查

通过定期进行这一调查，学校可以充分了解学生对辅导员工作的评价和反馈，从而更好地了解辅导员队伍的工作情况，为改进工作提供参考。学生的满意度反映了他们对辅导员工作的整体认可程度，因此，定期进行学生满意度调查可以帮助学校及时掌握学生的需求和期望。这一调查涉及到辅导员在学业、生活、情感等方面的指导和帮助，覆盖了学生的方方面面，能够全面了解辅导员工作的优势和不足之处。

学校可以通过分析调查结果，了解学生对辅导员工作的满意程度和不满意的原因，找出辅导员工作中存在的问题和短板。其次，可以通过调查结果评估辅导员工作的整体质量，发现工作中的优势和亮点，为优秀辅导员提供表彰和激励。在学生满意度调查结果分析的基础上，学校可以采取一系列措施改进辅导员工作。针对学生提出的问题和建议，学校可以制定相应的改进措施，如加强辅导员的培训和提升工作技能，优化辅导员与学生的沟通渠道，改善辅导员的工作环境等，以提高辅导员工作的质量和效果。

除了了解学生对辅导员工作的评价和反馈外，学生满意度调查还有助于促进学生与辅导员之间的沟通和互动。学生参与调查的过程本身就是对辅导员工作的一种反馈和回馈，可以促使辅导员更加关注学生的需求和意见，加强与学生的互动交流，建立良好的师生关系。

(二) 辅导员工作绩效评估

辅导员工作绩效评估机制通过根据工作任务完成情况、学生服务质量等指标对辅导员的工作表现进行评估，可以客观全面地了解辅导员的工作情况，激励优秀表现的辅导员，同时引导其他辅导员改进工作，提升整体绩效水平。设立辅导员工作绩效评估机制，首先需要明确评估的指标和标准。这些指标可以包括但不限于学生满意度、学业成绩提升情况、学生心理健康状况改善程度、就业率等。评估标准应该具体明确，能够客观反映辅导员工作的实际情况，为评估提供科学依据。通过定期的评估，可以及时了解辅导员的工作表现，发现问题并采取措施加以解决，保持辅导员队伍的活力和凝聚力。评估频率可以根据实际情况灵活确定，一般可以设置为每学期或每年进行一次评估。

对于评估结果，应该采取相应的激励和引导措施。对于表现优秀的辅导员，可以给予表彰和奖励，如荣誉称号、奖金、晋升机会等，以激励其继续保持优秀的工作表现。对于工作表现不佳的辅导员，应该及时给予指导和培训，帮助其改进工作，提升绩效水平。评估机制的建立还需要设立专门的评估机构或委员会负责评估工作。这一机构应该具有一定的权威性和专业性，能够保证评估工作的公正公平和科学合理。同时，评估机构还应该加强对评估过程的监督和管理，确保评估工作的顺利进行和评估结果的准确可靠。

（四）就业率和升学率统计

要全面评估他们在这方面的贡献度及工作的有效性，就必须深入了解就业率和升学率的统计数据，并将其与其他相关指标进行比对。这样的比对可以揭示出辅导员在学生职业生涯规划和发展上所扮演的角色，以及他们在提高就业率和升学率方面的实际影响。就业率反映了毕业生进入职场的能力和机会，而升学率则展示了他们进一步深造的倾向和实际行动。通过分析这些数据，可以了解到学生们在毕业后的职业发展状况以及他们是否选择继续深造。辅导员的工作质量和效果，往往能够在就业率和升学率的数据中得到体现。例如，辅导员是否提供了有效的职业规划指导，是否积极协助学生解决就业和升学过程中的问题，这些都会直接影响到就业率和升学率的提升。

除了就业率和升学率之外，还有一些与辅导员工作密切相关的指标也需要被纳入比对范畴。比如，辅导员的工作满意度和学生对其服务的评价。如果辅导员的工作能够得到学生和毕业生的认可和肯定，那么这往往也意味着他们在就业和升学方面的辅导工作是有效的。此外，辅导员的专业知识和经验、与用人单位和学校的合作关系等也是评估其工作效果的重要指标。通过比对这些指标，可以更全面地评估辅导员在学生就业和升学方面的贡献度。综合分析以上数据和指标，可以评估辅导员工作的有效性。如果辅导员能够在就业率和升学率上取得较好的成绩，并且得到学生和毕业生的积极反馈，那么可以认为他们的工作是有效的。而如果就业率和升学率低下，或者辅导员的工作满意度不高，那么就需要进一步探究其工作方法和策略是否存在问题，以及如何进行改进。

（五）辅导员队伍建设投入产出比分析

辅导员队伍的建设是高校人才培养和学生发展的关键组成部分，而对其投入与产出的比例进行分析可以帮助评估资源的有效利用程度，并为未来的决策提供参考。对于辅导员队伍建设的投入方面，经费投入是一个重要的考量因素。这包括用于辅导员薪酬、培训、职业发展等方面的经费支出。高水平的辅导员队伍需要足够的经费支持，以确保其工作的顺利开展和质量的提升。此外，人力资源投入也是不可或缺的一部分。招聘、选拔、培训和评价辅导员都需要大量的人力资源投入，而这些投入又直接影响着辅导员队伍的整体素质和工作效能。

对于辅导员队伍建设的产出方面，主要体现在学生的发展和成长上。辅导员的工作应当能够有效地促进学生的学业发展、职业规划、心理健康等方面的提升。比如，通过个性化的指导和帮助，辅导员可以帮助学生更好地选择专业、规划职业发展道路，从而提高其就业竞争力和职业发展前景。此外，辅导员的工作还可以促进学生的心理健康，提高其自信心和抗挫能力，从而更好地适应社会的变化和挑战。综合考量投入与产出之间的比例，可以评估辅导员队伍建设的效益。如果投入较多而产出较少，可能意味着资源利用不够有效，需要进一步优化资源配置和管理方式。反之，如果投入与产出之间的比例较为平衡，即较少的资源投入带来了较大的产出，那么就可以认为辅导员队伍建设是比较有效的。在评估投入与产出比例的过程中，还需要考虑到不同高校、不同地区和不同背景的学生可能存在的差异，以及外部环境的影响因素，以便更准确地评估辅导员队伍建设的效果。

（六）校园氛围和文化评估

辅导员的工作对校园文化和氛围有着重要的影响，其促进作用体现在学生之间的互助、团结情况等方面。通过对辅导员队伍建设对校园文化和氛围的评估，可以了解到辅导员在这方面的实际作用，以及学生对校园生活的整体满意度。辅导员的工作可以促进校园文化的形成和发展。他们通过组织各种活动和活动，营造了一个积极向上、和谐友好的校园氛围。例如，定期举办团队建设活动、志愿服务活动、文化艺术节等，可以增强学生之间的沟通和合作，促进彼此之间的了解和信任。这种积极的校园文化有利于培养学生的团队意识和集体荣誉感，提高校园生活的质量。

辅导员队伍建设对校园氛围的促进作用主要体现在他们的管理和引导方面。辅导员作为学生的导师和指导者，不仅负责学业和职业规划的指导，还应当关注学生的心理健康和社交能力等方面。通过开展心理健康教育、社交技能培训等活动，辅导员可以帮助学生建立健康积极的人际关系，增强他们的自信心和适应能力，从而促进校园氛围的和谐稳定。学生对校园生活的整体满意度也是评估辅导员工作效果的重要指标之一。如果学生对校园文化和氛围感到满意，那么很大程度上可以归功于辅导员的工作。他们的辛勤付出和精心策划，为学生提供了一个温馨、充满活力的学习和生活环境。而学生的满意度反过来也可以反映出辅导员队伍建设的成效，以及学校管理层在校园文化建设方面的投入和关注程度。

（七）毕业生追踪调查

追踪调查毕业生是了解他们在校期间接受辅导员服务体验和感受的重要途径。毕业生对辅导员工作的评价直接反映了辅导员队伍建设对他们的影响程度。毕业生追踪调查可以帮助了解他们在校期间与辅导员的互动和服务体验。毕业生对辅导员的评价涉及到辅导员在学业指导、职业规划、心理健康等方面的服务内容和质量。通过追踪调查，可以了解到毕业生是否感受到了辅导员的关怀和支持，以及他们对辅导员工作的满意度和期望。

通过分析毕业生对辅导员工作的评价，可以评估辅导员队伍建设对毕业生的影响程度。如果毕业生对辅导员的工作给予了积极的评价，表示辅导员队伍建设在提高学生服务水平和质量方面发挥了重要作用。反之，如果毕业生对辅导员的服务不满意，可能意味着辅导员队伍建设还存在一些不足之处，需要进一步改进和提升。毕业生追踪调查还可以帮助发现辅导员工作中存在的问题和改进的空间。通过收集毕业生的反馈意见和建议，可以及时调整和改进辅导员的工作方式和策略，提高其服务水平和效果。这有助于不断完善辅导员队伍建设，提升其对毕业生的影响程度，促进毕业生的职业发展和个人成长。

第七章　高校辅导员队伍建设的社会参与与合作

第一节　社会力量参与高校辅导员队伍建设的模式与路径

一、社会力量参与高校辅导员队伍建设的模式

（一）志愿者服务模式

在当今高校辅导员队伍建设中，志愿者服务模式作为一种重要的参与方式，发挥着积极的作用。通过社会组织或志愿者团体提供的志愿者服务，辅导员队伍得以得到更广泛的支持与帮助。志愿者在这一模式下通过参与辅导员队伍的培训、学生辅导、活动组织等形式，为学校的辅导员队伍注入了新的活力和资源。这种模式的实施，不仅丰富了辅导员队伍的人才来源，也提供了更多元化的服务内容，从而促进了校园文化的多样性和活力的增强。

志愿者服务模式为高校辅导员队伍的建设和服务工作注入了新的血液。志愿者作为来自社会的一支重要力量，他们具有不同的专业背景和生活经验，可以为辅导员队伍提供多样化的支持和帮助。例如，一些具有心理咨询背景的志愿者可以协助辅导员开展心理健康教育和咨询服务，而一些有丰富工作经验的志愿者则可以为学生提供职业规划指导和实践经验分享。志愿者的参与丰富了辅导员队伍的专业知识和技能，提升了辅导员队伍的整体水平和服务质量。

志愿者服务模式为学校的辅导员队伍带来了更多元化的服务内容。志愿者可以通过参与学生辅导、活动组织、社区服务等形式，为学生提供丰富多彩的服务体验。例

如，一些志愿者可以组织开展文化艺术活动、公益志愿活动等，丰富了校园文化生活，提升了学生的综合素养和社会责任感。志愿者的参与不仅丰富了辅导员队伍的服务内容，也丰富了学生的校园生活，增强了他们的学习积极性和社会参与意识。

通过社会组织或志愿者团体提供的志愿者服务，学校的辅导员队伍得到了更广泛的社会支持和参与。志愿者的多样化背景和丰富经验为校园文化注入了新的元素和活力，促进了校园文化的多样性和包容性。同时，志愿者的参与也增强了学生的社会责任感和团队合作意识，为校园文化的建设和发展提供了有力支持。

（二）外部专业机构合作模式

外部专业机构合作模式为高校辅导员队伍建设和服务工作提供了一种重要的合作途径。通过与外部专业机构（如职业规划机构、心理咨询机构等）合作，高校能够充分利用外部专业机构的专业优势，为辅导员队伍提供更全面和专业的支持，从而提升其专业水平和服务能力。这种合作模式的实施，不仅能够有效弥补高校内部资源的不足，也能够为辅导员队伍的发展注入新的活力和动力。

外部专业机构合作模式可以为高校辅导员队伍提供专业培训和专业知识支持。外部专业机构通常具有丰富的培训经验和专业知识，能够为辅导员队伍提供针对性的培训课程和专业知识指导，帮助辅导员提升专业水平和服务能力。例如，职业规划机构可以提供关于职业生涯规划、就业市场信息等方面的培训和指导，而心理咨询机构则可以提供心理健康教育和咨询技能培训等支持。

外部专业机构合作模式可以实现资源共享，为辅导员队伍提供更丰富的服务内容和更多元化的服务方式。通过与外部专业机构的合作，高校可以借助其丰富的资源和专业技术，为辅导员队伍提供更多元化的服务内容，满足学生多样化的需求。例如，与心理咨询机构合作可以为学生提供心理咨询服务，与职业规划机构合作可以为学生提供职业规划指导和就业服务等，从而丰富了辅导员队伍的服务内容，提高了其服务水平和质量。

外部专业机构合作模式可以促进辅导员队伍的专业化和职业化发展。外部专业机构通常具有丰富的专业经验和专业技术，能够为辅导员队伍提供专业化的支持和指导，帮助其提升专业水平和职业素养。通过与外部专业机构的合作，辅导员队伍可以不断学习和积累经验，不断提升自身的专业能力和服务水平，从而更好地满足学生的需求，促进学生的全面发展和成长。

（三）企业和行业组织参与模式

通过与企业和行业组织建立合作关系，高校辅导员队伍能够充分利用外部资源，为学生的就业和职业发展提供更多样化、更专业化的支持和指导。企业可以提供实习机会、职业规划指导、就业信息等支持，而行业组织则可以提供行业资讯、行业导师、专业技能培训等支持，促进辅导员队伍的专业化和职业化发展。企业参与模式为高校辅导员队伍提供了丰富的实践机会和职业发展支持。通过与企业建立合作关系，辅导员队伍能够为学生提供更多的实习机会和职业体验，帮助他们更好地了解和适应职场环境。企业还可以提供职业规划指导和就业信息，帮助学生规划职业发展道路，把握就业机会，提高就业竞争力。这种模式的实施，不仅能够满足学生的实践需求，也能够为其职业发展提供有力支持，促进学生的全面成长和发展。

行业组织参与模式为高校辅导员队伍提供了行业导师和专业技能培训等支持。行业组织通常具有丰富的行业经验和专业知识，能够为辅导员队伍提供行业资讯、行业导师等支持，帮助辅导员更好地了解行业动态和就业趋势，为学生提供更专业的职业指导。同时，行业组织还可以提供专业技能培训，帮助辅导员队伍不断提升自身的专业水平和服务能力，促进其专业化和职业化发展。这种模式的实施，不仅能够提高辅导员队伍的专业素养，也能够为学生的就业和职业发展提供更专业的支持和指导。

企业和行业组织参与模式促进了高校辅导员队伍与社会的深度融合和互动。通过与企业和行业组织建立合作关系，辅导员队伍能够更好地了解社会需求和行业动态，及时调整和优化自身的服务内容和方式，更好地满足学生和社会的需求。同时，企业和行业组织也能够更深入地了解高校的教育理念和学生培养模式，为其人才需求和招聘计划提供更准确的参考和支持，实现校企合作的双赢局面。

（四）校友资源开发模式

通过邀请校友参与辅导员队伍的建设和服务工作，高校能够充分利用校友的职业经验和人脉资源，为学生的职业发展提供更多样化、更实用的支持和指导。校友可以提供职业经验分享、职业网络拓展、就业机会介绍等支持，帮助学生更好地规划职业发展和就业方向。这种模式的实施不仅促进了校友与母校的联系和互动，也增强了校园文化的凝聚力和持续性发展。校友资源开发模式为高校辅导员队伍提供了丰富的职业经验和实用的职业指导。校友作为曾经在校学习和生活过的学生，拥有丰富的职业经验和成功经历，能够为当前的学生提供宝贵的经验分享和职业建议。他们可以通过参与辅导员队伍的活动和讲座，分享自己的职业经验和成长故事，为学生提供职业发展的指导和启示，帮助他们更好地规划职业发展方向和目标。

校友作为母校的一部分，拥有广泛的社会人脉和职业关系，能够为学生提供宝贵的职业联系和资源介绍。他们可以通过参与校园招聘活动、组织职业沙龙等方式，为学生搭建职业交流平台，帮助他们拓展职业人脉，了解行业动态，获取就业信息，提高就业竞争力。校友资源开发模式促进了校友与母校的联系和互动，增强了校园文化的凝聚力和持续性发展。通过邀请校友参与辅导员队伍的建设和服务工作，高校能够加强与校友的联系和交流，增进彼此之间的情感和认同，形成校友与母校共同发展的良好氛围。校友的参与不仅能够为学生提供更丰富的职业发展支持，也能够为母校的发展注入新的活力和动力，推动校园文化的不断创新和发展。

二、社会力量参与高校辅导员队伍建设的路径

（一）建立合作机制

合作机制需要明确定双方的合作目标、责任分工、资源投入等关键要素。通过建立合作机制，可以清晰界定各方的角色与责任，从而确保合作的顺畅进行和取得有效成果。在建立合作机制时需要明确双方的合作目标。这意味着高校与社会力量需要共同确定他们合作的目的和期望达到的结果。例如，合作目标可以包括提升高校辅导员队伍的专业水平、拓展学生的职业发展渠道等。明确的合作目标有助于双方在合作过程中聚焦于共同的目标，提高合作效率。

建立合作机制还需要明确双方的责任分工。这包括确定谁负责提供什么样的资源和支持，以及各自在合作中扮演的角色。例如，高校可能负责组织辅导员培训活动，而社会力量则负责提供专业指导或资源支持。通过明确责任分工，可以避免合作过程中的重复劳动或资源浪费，提高合作的效率和成效。建立合作机制还需要明确双方的资源投入。这包括人力、物力、财力等资源的投入情况。双方需要共同协商确定合作过程中需要投入的资源数量和方式。例如，高校可能提供场地和人员支持，而社会力量则提供专业知识或经济支持。明确资源投入有助于双方更好地规划和管理合作过程中的资源，确保合作的顺利进行。

(二) 确定合作领域

在确定合作领域时，需要明确双方合作的具体方向和重点，以确保合作的目标明确、协作有序、效果显著。合作领域可以包括培训支持。高校可以与社会力量合作开展辅导员培训项目，提升辅导员队伍的专业素养和服务能力。社会力量可以提供专业讲师和培训资源，共同组织各类培训活动，如职业规划、心理咨询、沟通技巧等方面的培训课程，以满足辅导员队伍的培训需求。

高校与社会力量可以共享各自的资源，包括人力、物力、信息等方面的资源。例如，高校可以提供辅导员队伍的人员和场地支持，而社会力量则可以提供专业知识、技术支持或经济援助，以实现资源互补、优势互补，共同推动辅导员队伍建设工作的开展。高校与社会力量可以共同策划、组织和实施各类项目，以促进辅导员队伍建设和服务工作的深入开展。例如，双方可以合作开展就业服务项目，提供职业规划指导、就业辅导、实习机会等服务，帮助学生顺利就业和职业发展。

(三) 制定合作计划

制定合作计划是高校与社会力量合作的关键步骤，通过该计划可以明确合作的具体内容和实施步骤，确保合作的有序推进和有效实施。在确定了合作领域的基础上，制定合作计划需要考虑合作项目、时间节点、资源投入等关键因素。合作计划需要明确合作的具体项目。这包括确定合作的具体内容、目标和实施方式。例如，合作项目可以是举办一场辅导员培训讲座、开展一项职业规划指导活动，或者共同策划一项就业服务项目等。明确合作的具体项目有助于双方明确合作的重点和方向，为合作提供明确的目标和任务。

合作计划还需要确定时间节点。这包括确定合作项目的时间安排和实施周期。例如，确定合作项目的开始时间、结束时间，以及各个阶段的时间节点和工作进度。通过制定清晰的时间节点，可以有效地安排合作活动的实施时间，确保合作的顺利进行和按时完成。合作计划还需要考虑资源投入。这包括确定合作过程中需要投入的各种资源，如人力、物力、财力等。例如，确定合作活动所需的人员配备、场地设备、经费支持等资源投入情况。通过明确资源投入，可以确保合作过程中各项工作得到充分支持和保障，保障合作活动的顺利实施。

在制定合作计划的过程中，需要充分考虑可能出现的各种风险和挑战，并制定相应的风险应对措施。例如，制定应急预案、加强沟通协调、提前储备资源等。通过做好风险管理工作，可以有效应对各种不确定因素，确保合作计划的顺利实施。

（四）加强沟通交流

通过不同形式的交流活动，如会议、研讨会、工作坊等，可以有效地促进双方之间的理解、信任和合作，推动合作关系的深入发展和持续推进。高校和社会力量可能有不同的文化背景、价值观和工作方式，加强沟通交流有助于双方更好地了解彼此的需求、期望和目标。通过开放、坦诚的沟通，可以消除双方之间的误解和隔阂，增进双方的理解和认同，为合作关系的建立奠定坚实的基础。

在合作过程中，信任是推动合作关系发展的重要保障。通过频繁的沟通交流，双方可以逐渐建立起信任关系，增进彼此的信任和信心。双方可以分享彼此的想法、经验和资源，共同探讨解决问题的方法和途径，进而建立起良好的合作关系。通过定期举行会议、研讨会、工作坊等交流活动，双方可以及时沟通合作进展、问题和需求，共同协商解决方案，推动合作项目的顺利实施。同时，通过分享合作成果和经验，可以激发更多的合作机会和创新想法，为合作关系的不断深化和扩展提供动力。

通过开展各种形式的交流活动，双方可以促进信息共享、资源整合和合作创新，共同推动合作关系的进一步发展和壮大。同时，加强沟通交流也可以提升合作关系的透明度和公信力，增强合作的可持续性和稳定性。

（五）建立长效机制

通过建立长效机制，可以为高校辅导员队伍建设提供持续的支持和帮助，推动其不断发展和完善。这种机制不仅有利于促进双方资源的共享和优势互补，也为合作关系的长期发展奠定了坚实基础。双方需要共同制定合作的长期规划和发展目标，明确合作的方向和重点。这包括确定合作的战略方向、发展规划、目标任务等，为合作关系的持续发展提供战略指导和规划蓝图。

双方可以建立联合工作组织、专门委员会或合作机构，负责统筹协调合作事务、监督评估合作进展，并及时解决合作过程中的问题和难题。建立健全的组织机构和管理体系有助于提高合作的效率和效果，确保合作关系的顺利运行。双方需要建立定期交流会议、沟通渠道或信息平台，及时分享合作进展、问题反馈和需求信息，促进信息共享、资源整合和合作创新。通过加强信息沟通和交流，可以增进双方之间的理解和信任，推动合作关系的不断深化和扩展。

双方可以通过签订长期合作协议、共享成果和利益，促进合作关系的互利共赢。这包括共同分享合作成果、共同承担合作风险、共同分享合作收益等。通过建立利益共享机制，可以增强双方的合作动力和信心，保障合作关系的持续稳定发展。

第二节 高校辅导员队伍建设中的行业协作与合作

一、专业知识与经验共享

不同高校的辅导员拥有各自丰富的经验和专业知识，通过分享彼此的经验，可以有效提升整体辅导员队伍的水平。这种知识共享不仅有助于个体辅导员的成长，也能够为整个行业的发展注入活力和动力。

一种实现专业知识与经验共享的方式是定期举办研讨会。在这些研讨会上，辅导员们可以分享自己在实践中遇到的问题、解决方案以及取得的成就。通过交流，他们可以相互启发，从而拓展自己的思路和方法。这种面对面的交流能够促进更深层次的理解和沟通，为辅导员们提供更加丰富的学习体验。另一种促进专业知识与经验共享的途径是举办交流会议。这些会议可以跨越地域和学校界限，将来自不同背景和经验的辅导员聚集在一起。通过参与这样的会议，辅导员们可以接触到更广泛的观点和思想，了解不同学校的辅导工作实践，从而开阔自己的视野，拓展自己的思维。

在这些平台上，辅导员们可以发布自己的经验分享、教学资源以及教学心得等内容。通过互联网的力量，这些信息可以迅速传播，并且可以被更多的人所获取和利用。这种在线平台的建设不仅可以促进辅导员之间的交流与合作，还可以为更多有需要的人提供帮助和支持。

二、跨学科合作

辅导员们可以与其他学科领域的专业人士进行合作，共同为学生提供更全面、更有效的支持服务。这种跨学科合作不仅可以弥补辅导员个人专业知识的不足，还可以为学生提供更加多元化和专业化的帮助，促进他们的学业、生活和职业发展。在实践中，辅导员队伍与心理学家的合作尤为重要。心理学家具有丰富的心理健康知识和临床经验，可以帮助辅导员更好地了解学生的心理健康状况，及时发现并解决学生在心理方面的问题。通过与心理学家的合作，辅导员们可以更加科学地开展心理健康教育和心理咨询工作，为学生提供更专业的心理支持。

职业规划师具有丰富的职业规划知识和职业咨询经验，可以帮助学生进行职业定位、规划职业发展路径，并提供就业指导和求职技巧培训。通过与职业规划师的合作，辅导员们可以为学生提供更全面、更个性化的职业规划服务，帮助他们更好地适应社会就业需求，实现自我发展和职业成功。社会工作者具有丰富的社会服务经验和社会资源，可以帮助学生解决生活中的各种实际问题，如住房、经济困难、人际关系等。通过与社会工作者的合作，辅导员们可以为学生提供更全面、更综合的支持服务，帮助他们更好地适应大学生活和社会环境，提升生活质量和幸福感。

三、学术资源共享

不同高校之间可以通过共享学术资源，包括文献资料、研究成果等，以帮助辅导员更好地了解学生的需求和学术发展趋势。这种资源共享不仅有助于提升辅导员队伍的整体水平，还能够为学生的发展和成长提供更加有效的支持和指导。学术资源共享可以通过建立合作机制来实现。不同高校可以签订合作协议，共享各自的学术资源。例如，可以建立文献资料共享平台，辅导员可以通过该平台获取到其他高校的研究文献、学术论文等资料，从而及时了解到最新的学术研究成果和发展趋势。这种共享平台可以为辅导员提供更广泛的信息来源，帮助他们更好地指导学生的学术研究和项目实践。

不同高校的辅导员可以定期举办学术交流会议或研讨会，分享各自的研究成果和教学经验。通过这些交流活动，辅导员们可以相互启发、相互学习，促进学术研究和教学工作的提升。同时，还可以邀请相关专家学者参加交流活动，为辅导员们提供更深入的学术指导和支持。此外，学术资源共享还可以通过建立合作研究项目来实现。不同高校的辅导员可以共同申请研究项目，开展跨校合作研究。通过共同合作，可以充分利用各校的研究资源和实验设施，开展更深入、更广泛的研究工作。这种合作研究不仅可以促进学术交流和合作，还可以为学生提供更丰富的科研实践机会，提升其科研能力和创新意识。

四、合作开发课程和项目

辅导员队伍可以与教师、行政人员和学生一起合作，针对学生的需求开发各种课程和项目，如学习技能培训、领导力发展项目等，旨在提升学生的综合素质和个人发展。合作开发课程和项目可以通过多种方式实现。辅导员队伍可以与教师合作，共同开发针对学生学习技能的课程。通过合作，可以结合辅导员的专业知识和教师的教学经验，设计出更加系统、实用的课程内容，满足学生在学习过程中的需求，提升其学习效果和学习能力。

辅导员队伍还可以与行政人员合作，开发针对学生领导力发展的项目。领导力是学生综合素质中的重要组成部分，通过开展各种领导力发展项目，可以帮助学生培养领导力、团队合作能力等重要能力。辅导员可以与行政人员合作，共同设计并组织各种领导力培训、实践活动等项目，为学生提供更加丰富、更加全面的发展机会。辅导员队伍还可以与学生一起合作，开发针对学生个人发展需求的项目。学生是高校教育的主体，了解并满足他们的需求是辅导员工作的重要任务之一。通过与学生合作，可以更加深入地了解学生的需求和意见，为他们量身定制各种个性化的发展项目，如就业实习、创新创业项目等，帮助他们更好地规划和实现个人发展目标。

五、建立行业标准和指南

在高校辅导员队伍的建设中，建立行业标准和指南是至关重要的。辅导员队伍可以与相关机构和组织合作，共同制定行业标准和指南，以规范辅导员的职责和行为，促进行业的健康发展。这种合作不仅有助于提升辅导员队伍的整体水平，还可以为学生的发展和成长提供更加规范和有效的支持和指导。建立行业标准和指南可以通过与政府部门合作来实现。政府部门可以制定相关法律法规，规范和监督高校辅导员队伍的工作。辅导员队伍可以与政府部门密切合作，积极参与法规制定的过程，为政府部门提供专业建议和意见，确保法规的科学性和实用性，为高校辅导员的工作提供法律保障和支持。

辅导员队伍还可以与相关行业组织和协会合作，共同制定行业标准和指南。这些组织和协会通常具有丰富的行业经验和专业知识，可以为辅导员队伍提供更加权威和实用的指导和建议。辅导员可以积极参与这些组织和协会的活动，了解最新的行业发展动态，分享自己的工作经验和成果，共同制定适合高校辅导员工作的行业标准和指南。辅导员队伍还可以通过开展行业研讨会和培训活动来建立行业标准和指南。在这些活动中，辅导员可以就行业发展现状、工作经验、职业发展等方面进行深入探讨和交流，共同总结出行业的最佳实践和规范要求，为辅导员的工作提供参考和借鉴。同时，还可以邀请行业专家和学者参与研讨和培训，为辅导员提供更加专业和权威的指导和建议。

六、国际交流与合作

辅导员队伍的国际交流合作不仅仅是简单的跨国沟通，更是一种全球化视野下的专业经验分享与学习互助。通过与国际上的教育机构和组织展开交流与合作，辅导员们可以汲取他国的经验和最佳实践，拓展自身视野，提升专业水平。国际交流与合作为辅导员队伍提供了一个了解不同文化背景下教育模式的机会。每个国家的教育体系都有其独特之处，通过与国际教育机构的交流合作，辅导员们可以深入了解各国教育的特点和优势，从中汲取借鉴，丰富自己的教育理念和方法。

与国际教育组织开展合作，可以参与到各种国际性的教育项目中，接触到最前沿的教育理念和方法。通过与国际同行的交流互动，辅导员们可以不断拓展自己的专业知识和技能，提升自身的竞争力和专业水平。此外，国际交流与合作也有助于促进辅导员队伍的语言和跨文化沟通能力的提升。与国际教育机构和组织开展交流合作，需要辅导员具备良好的外语能力和跨文化交流能力。通过与外国同行的交流互动，辅导员们可以提升自己的语言水平，增强跨文化沟通的能力，从而更好地适应全球化教育发展的趋势。

国际交流与合作可以为辅导员队伍搭建一个广阔的国际合作平台。通过与国际教育组织和机构建立合作关系，辅导员们可以拓展自己的人脉资源，结识更多国际上的优秀教育专家和同行。这不仅有利于促进学术交流与合作，还可以为辅导员们未来的职业发展提供更多的机会和选择。

七、建立网络和社区

在当今快速发展的社会环境中，建立辅导员的网络和社区已经成为一项迫切的需求。这一网络和社区的建立旨在促进辅导员之间的联系和交流，为他们提供一个支持和资源共享的平台，以加强行业内部的合作和协作。建立辅导员的网络和社区可以促进信息的流通和共享。辅导员们在教育工作中面临各种各样的问题和挑战，而一个良好的网络和社区平台可以让他们及时地分享自己的经验和心得，获取他人的建议和支持。这样的信息共享不仅有助于解决问题，还可以提升整个行业的水平和效率。

在这样一个平台上，辅导员们可以相互学习借鉴，探讨教育理念和教学方法，共同提升自己的专业水平。通过与同行的交流互动，他们可以拓展自己的视野，开阔思维，不断进步。同时，建立辅导员的网络和社区也有助于促进行业内部的合作和协作。在这样一个团结互助的社区中，辅导员们可以共同探讨解决教育问题的方法，共同制定教育改革的方案，共同推动教育事业的发展。通过团结合作，他们可以更好地应对各种挑战，实现教育目标的共同愿景。

建立辅导员的网络和社区还可以促进情感交流和心理支持。在教育工作中，辅导员们常常面临着来自学生、家长以及社会的各种压力和挑战，而一个团结互助的社区可以为他们提供情感上的支持和鼓励，让他们感受到自己并不孤单，共同面对困难。

第三节　高校辅导员队伍建设中的社会组织参与

一、社会组织的角色

（一）提供专业培训

通过举办各种形式的培训课程，涵盖心理健康咨询、学生发展指导、危机干预技能等方面的内容，社会组织为高校辅导员的专业发展提供了有力支持。这些培训课程不仅帮助高校辅导员不断提升自己的专业水平，更重要的是使他们能够适应不同学生群体的需求，并与时俱进地更新知识和技能。

培训课程的广泛涵盖心理健康咨询、学生发展指导、危机干预技能等多个方面，为高校辅导员提供了全面的专业知识。心理健康咨询是当下高校学生面临的重要问题之一，辅导员需要具备相应的心理咨询技能，以更好地帮助学生应对压力、焦虑等心理困扰。学生发展指导涉及到个体发展、生涯规划等方面的知识，对于帮助学生制定明确的发展目标和规划人生道路至关重要。而危机干预技能则是在学生面临紧急情况时及时有效地进行干预，保障学生的身心健康。

不同学生在心理、情感、生活等方面存在着各种差异，高校辅导员需要具备针对不同需求的服务能力。通过培训，辅导员可以学习到如何更好地理解学生的需求，采取更合适的方法和策略进行辅导和指导，提升服务的针对性和有效性。

随着社会的发展和进步，高校学生面临的问题也在不断变化，辅导员需要不断地学习和提升自己，以适应新的情况和挑战。社会组织举办的培训课程通常会汇集最新的理论、方法和技能，使辅导员能够及时获取最新的信息和知识，保持专业的敏锐性和竞争力。

（二）提供资源支持

在高校辅导员队伍建设中，社会组织的参与不仅在于提供专业培训，还包括重要的资源支持。这种支持体现在各种形式的资源供给，例如书籍、资料、工具等，为高校辅导员的工作提供了必要的支持和保障。这些资源不仅能够帮助辅导员更好地开展工作，还能够为学生提供更有效的帮助和支持，从而提升辅导工作的质量和水平。

社会组织提供的资料资源能够为高校辅导员的工作提供更为具体的指导和支持。这些资料包括心理评估工具、咨询手册、案例分析等，可以帮助辅导员更加有针对性地开展工作，为学生提供更为个性化和有效的服务。通过这些资料的使用，辅导员能够更好地了解学生的问题和需求，制定相应的辅导计划和措施。

社会组织还可以提供各种工具支持，包括软件应用、技术设备等。这些工具可以帮助辅导员更高效地进行工作，提升工作效率和质量。例如，一些心理评估软件可以帮助辅导员快速准确地了解学生的心理状态和问题，从而更好地制定相应的辅导方案。而一些技术设备，如视频会议设备、在线辅导平台等，可以帮助辅导员实现远程辅导，满足学生多样化的需求。

（三）促进经验交流

在高校辅导员队伍建设中，社会组织的参与不仅在于提供培训和资源支持，还包括重要的经验交流环节。这种交流体现在各种形式的活动中，如研讨会、论坛、讲座等，为高校辅导员提供了一个宝贵的机会，能够在其中分享经验、学习借鉴，从而不断提高工作效率和质量。在研讨会上，辅导员们可以就特定的主题或问题展开深入讨论，分享彼此的实践经验、案例分析和解决方案。通过交流和碰撞，他们可以从其他同行的经验中汲取灵感和启发，发现解决问题的新思路和方法。

在论坛上，辅导员们可以就更广泛的话题展开讨论，包括行业趋势、最佳实践、挑战与机遇等。论坛不仅提供了一个分享经验和见解的平台，还能够促进跨学校、跨地区的交流和合作，推动高校辅导员队伍建设的整体提升。社会组织举办的讲座活动也能够为高校辅导员提供宝贵的学习机会。在讲座中，专家学者或行业领袖可以就特定的主题进行深入解读和讲解，为辅导员们带来新的思想和观点。通过参加讲座，辅导员们不仅可以了解最新的理论和研究成果，还能够学习到行业内的先进经验和成功案例，从而提升自己的工作水平和竞争力。

二、资源共享与整合

（一）资源整合与增补

通过整合来自不同来源的资源，社会组织能够为高校辅导员提供更多的培训、经费和技术支持，从而推动高校辅导员队伍建设的全面发展。政府部门通常会提供一定的资金支持，用于开展教育培训项目或者是推动相关领域的发展。社会组织可以与政府进行合作，申请相应的资助项目，以资助高校辅导员的培训活动，扩大培训规模，提高培训的质量和水平。

许多企业都愿意通过捐赠来支持教育事业的发展，特别是与其业务相关的领域。社会组织可以积极开展企业捐赠项目，吸引企业捐赠资金、设备或者是提供技术支持，用于高校辅导员的培训和发展，进一步丰富培训内容和形式，提升培训效果。通过向社会公众募集捐款，社会组织可以筹集到一定的资金用于支持高校辅导员的培训和发展。这种形式的资金支持不仅能够为培训项目提供经费支持，还可以增加社会的参与度，提高社会对于高校辅导员队伍建设的关注度和认可度。

通过资源整合，社会组织能够为高校辅导员提供更全面、更专业的培训课程。社会组织可以根据辅导员的实际需求和市场需求，整合各种资源，设计出更具针对性和实效性的培训项目，覆盖更广泛的辅导员群体，提升培训的覆盖面和深度。

（二）合作模式的建立与优化

在高校辅导员队伍建设中，建立与优化社会组织与高校之间的合作模式至关重要。这种合作模式不仅可以推动资源的共享与优势互补，还能够最大程度地发挥双方的优势和特长，从而实现高校辅导员队伍建设的全面提升。通过建立合作协议或合作框架，双方可以明确合作的目标、内容和方式，确立长期合作的意愿和承诺。这种长期稳定的合作关系有利于双方深入了解对方的需求和优势，有效整合资源，实现合作共赢。

社会组织与高校可以共同制定项目计划和实施方案。在合作的基础上，双方可以共同商讨并确定项目的具体目标、内容、时间表和责任分工，确保项目的顺利开展和有效实施。这种合作模式能够最大限度地发挥双方的专业优势，提高项目的执行效率和成效。在项目实施过程中，双方应明确各自的责任和义务，并共同承担可能出现的风险和挑战。通过共同分担责任和风险，可以增强合作的紧密度和信任度，确保项目顺利进行和取得成功。

社会组织与高校可以采取多种形式的合作方式，实现资源的共享和优势互补。例如，可以联合举办培训活动，共同申请项目资助，共享人员和设施等。通过这些合作方式，双方可以充分利用各自的资源和优势，提高工作效率和质量，实现合作的双赢局面。社会组织与高校在合作过程中需要不断优化合作模式，不断总结经验，及时调整和完善合作机制。只有不断优化合作模式，才能够更好地发挥双方的优势和特长，推动高校辅导员队伍建设的全面发展。

（三）资源管理与效益评估

在社会组织与高校合作的过程中，建立有效的资源管理机制和进行效益评估至关重要。这不仅有助于确保资源的合理配置和有效利用，还能够及时了解项目的进展和成效，从而为项目的持续发展提供保障。建立有效的资源管理机制是确保合作项目顺利实施的基础。这包括制定明确的资源使用规定和流程，明确资源的来源、分配和使用方式，建立相应的审批和监督机制，以及明确各方的责任和义务。通过建立这样的管理机制，可以有效管理和调配各种资源，确保资源的合理利用和最大化效益。

评估体系应包括项目目标、指标、评价方法和评估周期等内容，以便对项目的进展和成效进行监测和评估。同时，评估体系还应考虑利益相关者的意见和反馈，确保评估结果的客观性和可靠性。基于评估结果，及时调整和优化项目实施方案，以确保项目取得预期的效益和成果。建立资源管理机制和评估体系需要注重信息共享和沟通协调。社会组织和高校应建立起良好的沟通渠道和协作机制，及时共享项目进展和成果，及时解决项目中出现的问题和难题。只有通过有效的沟通和协作，才能确保资源的充分利用和项目的顺利实施。

资源管理和效益评估需要持续不断地进行，而不是一劳永逸。在项目实施的过程中，需要不断收集和分析项目数据和信息，不断优化资源管理和评估体系，以适应项目的发展和变化。只有持续不断地进行资源管理和效益评估，才能够确保项目的长期可持续发展。

三、专业能力提升

（一）专业培训方案设计

社会组织应该设计具有系统性和全面性的专业培训方案，以提升高校辅导员在心理健康咨询、学生发展指导等方面的能力。这些培训计划需要综合运用理论知识和实践技能，确保辅导员在各个领域都能够具备充分的专业素养。培训内容应该包括心理学理论、咨询技巧、学生发展理论、危机干预等方面，以帮助辅导员更好地理解和应对学生的心理健康问题和发展需求。这样的培训方案设计需要根据高校辅导员的实际需求和工作环境进行量身定制，以确保培训内容的针对性和实用性。培训课程可以采用多种形式，如讲座、案例分析、角色扮演等，以促进辅导员的主动参与和实际操作能力的提升。此外，培训方案还应该注重培养辅导员的批判性思维和问题解决能力，使其能够在实际工作中灵活运用所学知识和技能。

针对心理健康咨询方面，培训内容可以包括心理疾病的识别与介入、心理评估工具的使用、心理咨询技巧的培养等内容。通过系统的培训，辅导员可以提升自己在心理健康领域的专业水平，更好地帮助学生解决心理问题，提高其心理健康水平。在学生发展指导方面，培训内容可以涵盖学生发展理论、生涯规划指导、学习技能培养等内容。辅导员可以通过学习学生发展理论，了解学生在不同阶段的发展特点和需求，从而为他们提供更加个性化和有效的发展指导。

除了专业知识和技能的培训，社会组织还可以为高校辅导员提供相关的资源和支持，如心理咨询师的指导、学生案例的分享等，以帮助他们在实践中不断提升自己的专业水平。同时，社会组织还可以定期组织各类专业交流活动，促进辅导员之间的经验分享和互相学习，进一步提升整个行业的专业水平。

（二）资源整合与分享

社会组织具有整合资源的优势，可以为高校辅导员提供丰富的学习和交流平台。通过整合各种资源，包括专业人才、培训机构、案例分享等，社会组织可以为辅导员提供多样化的学习机会和资源支持，从而促进其专业水平的提升。在资源整合方面，社会组织可以建立专业网络和社区，为辅导员提供一个共享经验、交流观点的平台。通过这样的社区，辅导员可以与同行进行互动，分享工作中的挑战和解决方案，共同成长和进步。这种交流不仅可以拓展辅导员的视野，还可以促进其思想碰撞和专业技能的提升。

除了建立社区，社会组织还可以邀请专业人士开展讲座、研讨会等活动，为辅导员提供最新的理论和实践经验。通过这些活动，辅导员可以及时了解行业最新动态和前沿知识，不断更新自己的知识和技能。这种及时的学习和交流可以帮助辅导员保持专业竞争力，更好地应对学生的需求和挑战。在资源整合和分享的过程中，社会组织需要注重平台的建设和维护。要建立一个开放、包容的学习和交流环境，鼓励辅导员积极参与和贡献。同时，社会组织还需要及时收集和整理各类资源，确保其及时性和有效性，为辅导员提供有针对性的支持和帮助。

（三）持续支持与跟进

为持续支持高校辅导员的专业发展，社会组织应该采取一系列措施，包括定期跟进和评估、提供个性化指导、开展实践辅导等方式，以确保辅导员在工作中能够不断提升自己的专业水平。同时，建立评估体系也是必要的，以对辅导员的工作进行评估，及时发现问题并提供支持，以确保其专业水平的持续提高。社会组织可以定期组织培训课程，涵盖不同专业领域的知识和技能，以及最新的研究成果和实践经验。这样的培训课程应该针对辅导员的实际需求和工作特点进行设计，具有一定的灵活性和针对性，以提高培训的有效性和实用性。

除了定期培训，社会组织还可以提供个性化的指导和支持，帮助辅导员解决工作中的问题和困难。通过与辅导员进行一对一的沟通和交流，了解他们的需求和反馈，为其量身定制相应的培训计划和发展路径，以促进其个人和职业的成长。在持续支持的过程中，社会组织还应该开展实践辅导和案例分析，帮助辅导员将所学知识和技能应用到实际工作中。通过参与实践项目和案例研究，辅导员可以加深对理论知识的理解，并提高解决问题的能力和水平。

社会组织可以通过定期评估辅导员的工作表现和专业水平，发现问题并及时提供帮助和支持。评估体系应该包括多个方面，如工作成绩、专业知识和技能、学生评价等，以全面客观地评估辅导员的工作表现和发展水平。

四、社会责任与服务

(一) 培养学生全面发展的重要性

高校辅导员的角色不仅仅是传授知识，更重要的是促进学生的全面发展。这种全面发展涵盖了学业、心理健康、人格品质、职业规划等多个方面，对于学生的成长至关重要。因此，社会组织参与高校辅导员队伍建设具有重要意义，强调了培养学生全面发展的重要性。学业进步是学生发展的基础，而高校辅导员的任务之一就是帮助学生在学业上取得进步。通过提供学习方法指导、课程选择建议等支持，辅导员可以帮助学生提高学习效率，克服学习困难，实现学业目标。这种学业进步不仅有利于学生的个人发展，也是他们未来职业发展的基础。

除了学业进步，辅导员还应关注学生的心理健康。大学生在面对学业压力、人际关系、职业规划等方面可能会面临各种心理问题，而辅导员则可以提供心理咨询和支持。通过专业的心理健康培训和资源支持，辅导员可以更好地识别和应对学生的心理问题，帮助他们保持良好的心理状态，提升学习和生活质量。此外，高校辅导员还应该关注学生的人格品质和职业规划。他们可以通过开展个性发展指导、职业生涯规划等活动，帮助学生发掘自己的兴趣和潜能，明确自己的职业目标，从而更好地规划自己的未来发展道路。这种个性化的指导和支持有助于学生树立正确的人生观和价值观，培养健全的人格品质，为社会做出更大的贡献。

(二) 社会责任与服务

参与高校辅导员队伍建设，社会组织不仅是在履行自身的社会责任，更是在提供关键的社会服务。作为社会的一部分，社会组织肩负着为教育事业做出贡献的责任。教育是塑造未来社会的重要力量，而高校辅导员则是教育体系中不可或缺的一环。因此，社会组织参与高校辅导员队伍建设，不仅体现了其社会责任与服务的意义，也为实现教育公平、提升教育质量、为学生提供更好的成长环境和发展机会做出了积极的贡献。教育公平是社会的基本价值之一，而高校辅导员的素质和水平直接关系到教育资源的公平分配。通过提供专业培训和资源支持，社会组织可以帮助高校辅导员提升自身的专业水平，从而为不同背景和需求的学生提供更为公平的教育服务，缩小教育资源的差距，促进教育公平的实现。

高质量的教育是社会进步和发展的关键因素之一，而高校辅导员作为教育的重要组成部分，其素质和水平直接关系到教育质量的提升。通过提供专业培训和资源支持，社会组织可以帮助高校辅导员不断提升自身的专业水平，提高教育质量，为学生提供更为优质的教育服务，推动教育事业的持续发展。社会组织参与高校辅导员队伍建设是为了为学生提供更好的成长环境和发展机会。高校辅导员不仅是学生学业上的指导者，更是心理健康和人格发展的引导者。通过提供专业培训和资源支持，社会组织可以帮助高校辅导员更好地关注学生的全面发展，为他们提供更为个性化和全面的成长支持，促进学生的综合素质的提升，为其未来的发展打下坚实的基础。

（三）积极影响整个社会

高素质的高校辅导员队伍不仅对学生个体的成长具有重要意义，更对整个社会的进步和发展产生深远影响。通过提供专业培训和支持，社会组织可以帮助高校辅导员更好地履行自己的职责，为社会的长远发展贡献力量。高素质的高校辅导员队伍为社会培养更多更优秀的人才。他们不仅在学生的学术成就上提供指导，更重要的是在学生的个性发展、人格塑造和价值观养成等方面发挥着积极作用。通过专业的培训和资源支持，社会组织可以帮助高校辅导员更好地发挥这一作用，培养更多具有创新精神、社会责任感和国际视野的人才，为社会的各个领域输送人才资源，推动社会的发展和进步。

高素质的高校辅导员队伍对学生个体的成长具有深远影响。他们不仅在学业上提供指导，更关注学生的心理健康、人格发展和职业规划等方面。通过专业的心理健康培训和个性发展指导，高校辅导员可以帮助学生解决心理问题，树立正确的人生观和价值观，从而更好地适应社会的发展需要，成为具有社会责任感和创新能力的人才。高素质的高校辅导员队伍为社会的长远发展贡献力量。他们不仅在教育教学工作中发挥着重要作用，更是社会进步和发展的重要推动者。通过提供专业的培训和支持，社会组织可以帮助高校辅导员更好地适应时代的发展需求，更好地培养适应社会需求的人才，为社会的长远发展做出积极贡献。

第四节　高校辅导员队伍建设中的社会资源整合与共享

一、高校辅导员队伍建设中的社会资源整合

（一）专业人才资源整合

社会组织可以整合各领域的专业人才资源，包括心理学家、教育专家、职业规划师等，为高校辅导员队伍提供专业化的培训和指导。这些专业人才可以通过讲座、研讨会、案例分析等形式，分享最新的理论知识和实践经验，帮助辅导员提升专业水平，更好地服务学生。

（二）培训机构资源整合

社会组织可以发挥其资源整合的优势，将各领域的专业人才，如心理学家、教育专家、职业规划师等，纳入到高校辅导员队伍建设的过程中，为其提供专业化的培训和指导。这一举措不仅可以帮助辅导员提升专业水平，更能够有效地服务学生，从而达到促进教育的目的。心理健康问题在当代高校学生中愈发凸显，高校辅导员需要具备一定的心理咨询能力。社会组织可以邀请心理学家为辅导员提供专业的心理健康培训，包括心理咨询技巧、心理疾病的识别与应对等方面的知识，帮助他们更好地应对学生的心理健康问题，为学生提供更为全面的支持和指导。

教育专家在教育领域有着丰富的经验和专业知识，可以为高校辅导员提供学生发展、教育方法、课程设计等方面的专业培训。通过与教育专家的合作，辅导员可以更好地了解学生的成长规律和需求，提高教育教学水平，为学生的全面发展提供更为有效的支持。大学生在面对职业发展问题时常常感到困惑，而职业规划师则可以为他们提供专业的职业指导和规划。社会组织可以邀请职业规划师为高校辅导员提供职业规划方面的培训，帮助他们更好地指导学生进行职业规划，提升学生的职业竞争力和就业能力。

(三) 案例分享与交流平台

社会组织可以通过创建这样的平台，促进高校辅导员之间的经验交流和互相学习，从而提升整个队伍的工作水平和服务质量。这种交流平台既可以是线上的论坛、社交媒体群组，也可以是线下的研讨会、工作坊等形式，为辅导员提供一个共同成长的机会。建立线上的案例分享与交流平台是非常有效的方式。在这个数字化时代，利用互联网平台进行交流已经成为一种便捷而高效的方式。社会组织可以创建专门的论坛或社交媒体群组，供高校辅导员分享工作经验、讨论问题、提出建议等。这样的平台不受地域限制，辅导员们可以随时随地进行交流，共同探讨工作中遇到的挑战和解决方案，促进经验的传承和分享。

建立线下的研讨会和工作坊也是推动案例分享与交流的重要方式。通过举办定期的研讨会和工作坊，辅导员们可以面对面地交流经验、分享成功案例，并进行深入的讨论和探讨。这样的活动不仅可以促进交流，还可以增进辅导员之间的互信和合作，激发创新思维，提升整个队伍的专业水平。建立跨学校、跨地域的交流平台也是非常有意义的。由于不同高校的情况和背景可能存在差异，跨学校的交流可以帮助辅导员们更全面地了解不同环境下的工作情况和挑战。社会组织可以组织跨学校的研讨会、交流活动，或者建立跨学校的在线平台，让不同地区、不同学校的辅导员们共同交流经验、分享成果，促进共同进步。

二、高校辅导员队伍建设中的社会资源共享

(一) 专业知识共享

社会资源共享在高校辅导员队伍建设中扮演着重要角色，尤其在专业知识的共享方面发挥着关键作用。通过社会组织提供的平台，不同领域的专业人才得以共享各自领域的专业知识，从而为高校辅导员提供多样化的信息，提升其综合素养和解决问题的能力。心理学家可以分享心理健康知识、心理疾病的识别与干预方法等。这样的专业知识共享有助于辅导员更好地理解和应对学生的心理健康问题，提供更为专业的心理支持和指导，从而促进学生的健康成长。

教育专家可以分享最新的教学理论、教学方法和课程设计等方面的知识。这种专业知识的共享有助于辅导员不断提升自身的教学水平，探索更有效的教学方式，提高教学质量，推动学生的学业发展。职业规划师可以分享职业发展的最新趋势、就业市场的情况、职业规划的方法和技巧等方面的知识。这种专业知识的共享有助于辅导员更好地指导学生进行职业规划，帮助他们更好地适应社会的发展需要，实现自身的职业目标。

（二）资源共建共享

通过社会组织提供的平台，不仅可以共享各类资源，还可以促进资源的共建和共享，从而提高资源的利用效率，降低成本，实现资源的优化配置。首先，社会组织可以为高校辅导员提供各种培训设施。这些设施可能包括会议室、讲习场所、多媒体教室等，能够满足辅导员们进行专业培训和交流的需求。通过共享这些培训设施，辅导员们可以在一个专业的环境中进行学习和讨论，提升学习效果和工作效率。

社会组织可以提供丰富的教学资源，如教学材料、教学工具等。这些资源可以帮助辅导员们更好地开展教学工作，提升教学质量。通过共建和共享这些教学资源，辅导员们可以互相借鉴、相互补充，提高教学水平，促进教学方法的创新和发展。社会组织还可以提供心理咨询工具和设施，如心理测评工具、心理咨询室等。这些工具和设施可以帮助辅导员们更好地开展心理健康服务工作，提供更为全面和专业的心理支持和指导。通过共享这些心理咨询工具和设施，辅导员们可以共同利用资源，提高工作效率，提升服务水平。

（三）合作发展

社会资源共享在高校辅导员队伍建设中不仅可以促进资源的共建共享，还可以推动各社会组织之间的合作发展。这种合作发展不仅有利于整合各方资源，提升服务水平，更能实现互利共赢，为高校辅导员提供更丰富的培训和支持服务。不同社会组织之间可以通过资源共享形成合作伙伴关系。例如，心理咨询机构和教育培训机构可以共同合作，开展心理健康培训项目，为高校辅导员提供心理健康方面的专业培训。通过整合心理咨询和教育培训的资源，可以更全面地满足辅导员的培训需求，提升其心理咨询能力和教育技能。

不同领域的社会组织可以通过合作发展，共同开展各类项目和活动，为高校辅导员提供更丰富的支持服务。例如，教育研究机构和职业规划机构可以合作开展职业规划指导项目，为辅导员提供职业发展方面的专业培训和指导服务。通过整合教育研究和职业规划的资源，可以更好地帮助辅导员了解就业市场的动态和趋势，指导学生进行职业规划，提升其就业竞争力。合作发展还可以促进各方资源的共享和优化配置。通过合作发展，不同社会组织之间可以共同利用资源，避免资源的浪费和重复建设，提高资源的利用效率，降低成本。这种资源共享和优化配置有助于实现资源的最大化利用，为高校辅导员提供更加优质和全面的培训和支持服务。

第八章　高校辅导员队伍建设的发展策略与路径

第一节　高校辅导员队伍建设的发展策略

一、专业化培训与提升

建立完善的培训体系，包括理论知识、心理技能、沟通能力等方面的培训，提升辅导员的专业水平。针对不同层次、不同类型的辅导员，设计差异化的培训方案，以满足其需求。

（一）建立完善的培训体系

培训内容应覆盖辅导员工作所需的理论知识、实践技能以及专业素养等方面，确保其全面性和系统性。培训形式可以包括课堂教学、案例分析、角色扮演等多种形式，以促进学习效果的多样化和提升。同时，培训周期应根据辅导员的工作需要和实际情况进行科学安排，确保培训的连续性和持续性。定期培训可安排在每学期或每年进行一次，围绕辅导员的工作重点和需要进行全员培训，确保基本素养和知识水平的提升。专题培训则根据不同阶段或不同类型辅导员的需求，有针对性地进行，深入探讨特定问题或技能，提高辅导员的专业能力和服务水平。

除了邀请心理学、教育学领域的专家学者外，还应充分利用高校内外的优质资源，如其他学科领域的专家、行业从业者等，以丰富培训内容和提升培训水平。此外，经验丰富的资深辅导员也是宝贵的培训资源，他们可以分享实践经验和心得体会，为新手辅导员提供指导和帮助，促进辅导员队伍的共同成长。

（二）差异化的培训方案

针对新入职辅导员，培训方案应着重于基本理论知识和实践技能的培养，以帮助其尽快适应工作岗位并胜任工作任务。基础理论知识的培训包括心理学、教育学等相关学科的基本概念和原理，帮助新入职辅导员建立起扎实的专业基础。同时，实践技能的培养则包括沟通技巧、问题解决能力等方面的培训，通过案例分析、角色扮演等形式，提升其实际工作中的应对能力和效果。

相对于新入职辅导员，资深辅导员则更需要进行进阶培训，以不断提升其专业水平和服务能力。进阶培训可以包括心理咨询技巧提升、危机干预等方面的培训内容，旨在进一步丰富其专业知识和技能，提高服务质量和水平。此外，针对资深辅导员的培训还可以注重领导力和团队管理等方面的内容，以培养其在团队中的领导能力和组织协调能力，促进团队整体发展和协同合作。

除了针对辅导员资历的不同进行差异化培训外，还应根据不同类型的辅导员，如学业辅导员、心理辅导员、就业辅导员等，量身定制相应的培训内容，使其更加专业化和精准化。例如，学业辅导员可以重点培养学习策略和时间管理等方面的知识和技能；心理辅导员则需重点培养心理评估和咨询技巧等方面的能力；就业辅导员则需重点培养职业规划和择业技能等方面的专业知识和技能。通过量身定制的培训方案，可以更好地满足不同类型辅导员的专业发展需求，提升其服务水平和效果。

（三）持续评估和反馈机制

通过建立培训效果评估机制，可以及时了解辅导员培训的实际效果，发现问题和不足，为进一步改进和提升培训质量提供依据。定期对辅导员进行培训效果的评估和反馈，可以通过问卷调查、实地观察、个案分析等方式进行，全面客观地了解培训效果。结合辅导员的实际工作情况，动态调整培训方案，是确保培训的针对性和实效性的关键举措。通过分析评估结果，针对性地对培训内容、形式和周期进行调整和优化，使培训更加贴合实际工作需求和辅导员的个体发展需求。同时，也可以根据评估结果确定重点培训方向，有针对性地开展进一步的培训，提高培训效果和实际应用效果。

鼓励辅导员之间互相交流、分享培训心得和经验，形成学习型组织，是持续评估和反馈机制的重要补充。通过组织辅导员间的交流研讨会、经验分享会等活动，可以促进辅导员之间的互相学习和借鉴，充分利用集体智慧和经验，共同解决工作中的难题和挑战。同时，也可以借助信息化平台，建立在线社群或论坛，方便辅导员之间随时随地进行交流和互动，形成开放、包容的学习氛围，促进共同进步和成长。

二、团队建设与协作机制

建立跨学科、跨专业的辅导员团队,促进信息共享、经验交流,提升整体辅导服务水平。构建内部协作机制,加强与教学、学生工作等部门的合作,形成多方协力、协同发展的局面。

(一) 建立跨学科、跨专业的辅导员团队

通过这种跨界合作的方式,可以充分整合不同学科背景和专业领域的人才资源,将各自的专业知识和技能进行交叉融合,从而形成更加综合丰富的服务体系。这种综合性的服务体系能够更好地满足学生的多样化需求,提高辅导服务的质量和效果。在团队建设过程中,建立定期的团队会议和交流机制至关重要。这样的机制可以促进团队成员之间的信息共享和经验交流,让每位辅导员都能够从团队其他成员的经验和见解中获益。通过定期的交流,团队成员可以更加全面地了解彼此的工作情况和需求,为团队的协作和合作打下坚实的基础。

建立跨学科、跨专业的辅导员团队还能够激发团队的创造力和凝聚力。不同学科和专业背景的碰撞和交流往往会产生新的思维火花和创意点子,从而推动团队服务模式和方法的创新和进步。同时,团队成员在跨学科、跨专业的交流中也会逐渐建立起共同的价值观和工作理念,增强团队的凝聚力和向心力,为团队的持续发展和壮大提供有力支持。

(二) 构建内部协作机制

通过加强与教学、学生工作等部门的合作,可以建立起一种紧密的内部协作机制,实现各部门之间的信息共享和资源共享,从而形成多方协力、协同发展的局面。这种内部协作机制有助于提高辅导服务的综合性和针对性,更好地满足学生的需求和期待。在构建内部协作机制的过程中,可以建立辅导员工作联席会议制度,定期召开跨部门会议。通过这样的会议机制,不同部门的负责人和相关工作人员可以就共同关心的问题进行深入的讨论和协商,共同制定解决方案,推动高校教育教学和学生工作的一体化发展。这样的跨部门会议不仅有助于协调各部门之间的工作关系,还能够提高工作效率和质量,为高校整体发展注入新的活力和动力。

建立内部协作机制还可以加强辅导员与其他部门之间的联系和沟通，促进信息的流通和共享。通过定期的交流和合作，辅导员可以更好地了解学生的学习和生活情况，及时发现并解决学生面临的问题和困难。同时，与教学、学生工作等部门的密切合作还可以为辅导员提供更丰富的资源和支持，提高辅导服务的质量和水平，实现优势互补、资源共享，共同推动高校教育事业的发展。

（三）促进团队学习与成长

建立一个辅导员团队学习平台，是为了在学术交流和经验分享的框架下，为团队成员提供一个持续成长的机会。专题讲座、研讨会等活动将成为这个平台上的主要内容，而内外部专家学者的参与，则为团队带来了更广阔的视野和更深入的学术思考。通过这些活动，团队成员可以不断拓展自己的知识领域，提高专业素养和服务水平，以更好地满足工作需要。

除了集中性的学习活动，同行评课、案例分析等形式的小组活动也将成为团队学习的重要组成部分。在这些活动中，辅导员们将有机会分享自己的教学经验和方法，从他人的经验中汲取灵感和教训。这样的相互学习与借鉴不仅能够加深团队成员之间的交流和合作，也能够帮助他们更好地理解和应对工作中的挑战。

通过以上种种方式，团队将逐渐形成一种学习型的氛围。这样的氛围不仅能够促进团队成员个体的成长，也能够激发整个团队的创新和发展动力。在这样一个学习型团队中，每个成员都能够不断地学习、进步，从而共同推动团队的发展和壮大。这种共同进步和成长的过程，将成为团队最宝贵的财富和最强大的力量。

三、引进与培养优秀人才

加大对优秀辅导员的引进力度，通过激励机制吸引有能力、有潜力的人才加入辅导员队伍。建立健全的培养机制，从本科阶段开始培养辅导员人才，培养适应高校辅导工作需要的专业人才。

（一）引进优秀辅导员

在当今高校教育领域，引进优秀辅导员是提升教学质量和学生发展的关键举措之一。高校可以通过创新的激励机制，为有能力、有潜力的人才提供吸引力，进而加入辅导员队伍。这种机制包括多方面的考量，如薪酬福利、职业发展机会以及学术资源支持等。一种激励措施是提供具有竞争力的薪酬福利。通过给予辅导员较高的薪资待遇，或者额外的福利待遇，如住房补贴、医疗保险等，来吸引他们加入辅导员队伍。这种方式能够直接激励人才的加入，使他们感受到自己的价值和贡献受到了认可，从而提高工作积极性和满意度。

高校还可以提供丰富的职业发展机会。例如，设立专项奖励计划，针对在辅导工作中表现突出的辅导员进行奖励，如奖金、晋升机会等。这样的奖励不仅能够激励辅导员在工作中积极进取，还能够树立良好的榜样，促进整个团队的向心力和凝聚力。高校可以提供丰富的学术资源支持，以吸引优秀人才的加入。这包括提供科研经费、实验室设施、学术交流机会等。通过这些支持，可以为辅导员提供广阔的学术发展空间，使他们在教学实践中能够不断提升自己的专业水平和教学能力。除了以上几点，还可以考虑给予优秀辅导员荣誉称号和学术称号，以提高他们的职业认同感和社会地位。这种表彰方式既能够激励辅导员继续努力，也能够为他们树立更高的职业形象，增强其在高校教育领域的影响力。

（二）建立健全的培养机制

为了建立健全的辅导员培养机制，高校需要从本科阶段开始注重培养有志于从事辅导工作的学生，以满足高校辅导工作的需求。这一目标可以通过多种方式实现，其中关键是设置辅导员专业方向或相关课程，提供系统的培训和教育。高校可以设立辅导员专业方向，为有志于成为辅导员的学生提供专门的学习路径。这种专业方向可以包括课程设置、实习机会、专业导师指导等，为学生提供系统的辅导员培训和教育。通过这样的专业方向，学生可以在学习过程中系统地掌握辅导员所需的知识、技能和经验，为将来从事辅导工作打下坚实的基础。

高校还可以开设相关课程，向广大学生普及辅导员工作的基本知识和技能。这些课程可以涵盖心理学、教育学、沟通技巧、问题解决能力等方面的内容，帮助学生全面了解辅导员工作的本质和要求。通过这样的课程设置，可以培养学生的辅导意识和专业素养，提升他们在未来从事辅导工作时的能力和水平。除了课程设置，高校还可以为学生提供丰富的实践机会，让他们在实践中学以致用，提升自己的实践能力和经验积累。例如，可以安排学生参与校园辅导活动、学生组织管理、心理咨询服务等实践项目，让他们在实践中逐步磨练自己的辅导技能和应对能力。

(三) 培养适应高校辅导工作需要的专业人才

随着高校教育环境和学生群体的变化，辅导员的角色和职责也在不断演变。因此，为了培养适应高校辅导工作需要的专业人才，培养计划应该注重培养辅导员的综合能力，包括对学生心理健康的了解与应对、学业辅导技能、危机干预能力等方面的能力。随着社会压力的增加和学生心理健康问题的日益突出，辅导员需要能够准确地识别学生的心理问题，并及时给予帮助和支持。因此，培养计划应该包括心理学相关知识的学习和实践，帮助辅导员建立起敏锐的心理观察力和分析能力，提升其处理学生心理问题的能力。

辅导员需要能够有效地帮助学生规划学业，解决学习困难，提升学习能力。因此，培养计划应该注重培养辅导员的学业指导技能，包括学科知识的掌握、学习方法的指导、时间管理的培养等，以提升其在学业辅导方面的专业水平。在高校生活中，学生可能面临各种各样的危机事件，如学习困难、情感问题、人际冲突等。辅导员需要能够及时有效地处理这些危机事件，帮助学生度过难关。因此，培养计划应该注重培养辅导员的危机处理技能，包括危机识别能力、危机干预技巧、危机管理策略等，以提升其在应对危机事件时的应变能力和处理能力。

在高校工作中，辅导员通常需要与其他教师、辅导员以及学生进行密切合作，共同完成各项工作任务。因此，培养计划应该注重培养辅导员的团队合作意识和沟通能力，使其能够有效地与他人合作，共同完成工作任务。同时，还需要培养其领导能力，使其能够在团队中发挥积极的作用，引领团队不断前进。

四、科研与实践结合

(一) 鼓励辅导员参与心理学、教育学等领域的科研工作

为了鼓励辅导员参与心理学、教育学等领域的科研工作，高校可以采取一系列措施来提供支持和激励。其中，设立科研项目或基金是一种重要的方式，为辅导员提供必要的资源和条件，以开展科研活动。高校可以设立专门的科研项目或基金，用于支持辅导员参与心理学、教育学等领域的科研工作。这些项目或基金可以由高校或相关学术机构提供，用于资助辅导员开展科研项目、撰写科研论文、参加学术会议等。通

过提供经费支持，可以帮助辅导员解决科研过程中的经济问题，激发其积极性和创造性，促进科研成果的产出。

高校可以提供实验室设施和学术资源，为辅导员的科研工作提供必要的条件和支持。心理学、教育学等领域的科研往往需要借助实验室设施进行实验和数据收集，以及查阅大量的学术文献和资料进行研究。因此，高校可以向辅导员提供实验室设备、图书馆资源、在线数据库等，以便他们顺利开展科研工作。高校还可以组织相关的学术交流和研讨会，为辅导员提供学术交流和合作的平台。这样的交流活动可以包括学术讲座、研讨会、学术会议等，邀请国内外的专家学者来校交流和分享最新的研究成果。通过参与这样的学术交流活动，辅导员可以了解最新的研究动态，拓展学术视野，提升科研水平和影响力。

（二）推动理论与实践相结合

为了推动理论与实践相结合，高校可以采取一系列措施来促进辅导员将学到的理论知识应用到实际工作中去，并不断提升和更新自己的知识和技能。高校可以组织专门的培训和研讨活动。这些活动旨在促进辅导员之间的理论探讨和实践经验分享。通过讨论学术论文、案例分析、工作经验等，辅导员可以深入了解理论知识的实际应用，探讨解决实际问题的方法和策略。这样的活动有助于激发辅导员的创造性思维，提升其解决问题的能力和水平。

高校可以组织实践案例分享和实地观摩活动。这些活动可以让辅导员亲身参与实际工作场景，观察和学习成功的实践经验。通过分享和观摩优秀的实践案例，辅导员可以了解最佳实践，掌握有效的工作方法，提升自己的实践能力和水平。这样的活动有助于将理论知识与实际工作相结合，为辅导员提供实践经验和借鉴。高校还可以邀请相关领域的专家学者来校举办讲座或培训班。这些讲座或培训班可以介绍最新的理论成果和实践经验，为辅导员提供更新和拓展自己知识的机会。通过听取专家学者的讲解和交流，辅导员可以了解最新的理论动态和实践趋势，及时调整自己的工作方法和策略，提升工作效率和质量。

（三）建立辅导案例库

为了提供实践经验和借鉴，高校可以建立起辅导案例库，收集并分析各类辅导案例，涵盖学生心理健康、学业辅导、危机干预等多个方面和领域。这样的案例库将为辅导员提供宝贵的实践参考，帮助他们在日常工作中更好地应对各种挑战，提高辅导工作的效果和水平。建立辅导案例库可以为辅导员提供丰富的实践经验。通过收集和整理各类辅导案例，辅导员可以了解不同情境下的辅导策略和方法，学习他人的成功经验和教训，从而丰富自己的实践经验。这样的案例库可以包括各种学生心理健康问题的处理案例、学业困难的应对案例、危机事件的处理案例等，为辅导员提供全面的参考和借鉴。

建立辅导案例库可以提高辅导员的工作效率和水平。在实际工作中，辅导员常常需要面对各种各样的学生问题和挑战。通过研读案例，辅导员可以及时获取解决问题的方法和策略，避免重复摸索和试错，提高工作效率。同时，通过分析案例，辅导员可以不断反思自己的工作方式和方法，不断改进和完善自己的工作技能，提升工作水平和质量。建立辅导案例库还可以促进辅导员之间的交流与合作。辅导员可以通过分享自己的工作经验和案例，与同行进行交流和讨论，共同探讨解决问题的方法和策略。这样的交流与合作有助于拓展辅导员的视野，促进工作经验和技能的传播与共享，推动辅导工作的不断发展和进步。

五、信息化建设与智能化辅助

利用信息化技术，建立辅导员工作信息平台，实现信息共享、数据分析，提升辅导员工作效率和质量。推动智能化辅助工具的应用，如智能问答系统、心理健康评估工具等，为辅导员提供更精准、便捷的服务手段。

（一）建立辅导员工作信息平台

借助信息化技术，高校可以建立专门的辅导员工作信息平台，以实现信息的集中管理、共享和交流。这一平台的建立对于提升辅导员工作效率和质量具有重要意义。该平台可以整合学生信息管理系统，为辅导员提供学生的基本信息、学习情况和心理健康状况等数据。通过这些信息，辅导员能够全面了解每位学生的情况，包括学习成绩、社交关系、心理健康等方面，从而有针对性地开展个性化辅导工作。

平台可以包括心理健康评估系统，为辅导员提供对学生心理健康状况的评估和分析工具。通过该系统，辅导员能够快速了解学生的心理健康问题，及时进行干预和帮助，保障学生的身心健康。学业辅导资源库也是平台的重要组成部分之一。这个资源库可以提供丰富的学业辅导资料、方法和工具，帮助辅导员更好地指导学生解决学习中的问题，提升学习成绩和学业能力。信息平台还应该支持数据分析功能，通过对大量数据的分析，帮助辅导员发现学生存在的问题、规律和趋势。这样的数据分析结果可以为辅导员提供科学依据，指导其制定更加有效的工作策略和措施。

（二）推动智能化辅助工具的应用

除了建立信息平台，高校还应该积极推动智能化辅助工具的应用，为辅导员提供更为精准、便捷的服务手段。其中，智能问答系统和心理健康评估工具是两个重要的应用方式。智能问答系统利用自然语言处理和人工智能技术，能够为学生提供实时的问题解答和咨询服务。通过这样的系统，学生可以随时随地向系统提出问题，系统能够自动识别问题并给出相应的答案或建议。辅导员可以利用这样的系统解决学生在学习、生活等方面遇到的各种问题，例如课程安排、学习方法、心理压力等。这样的智能问答系统能够大大提高辅导员的工作效率，同时也为学生提供了更为便捷的服务，有助于提升学习效率和生活质量。

利用智能化技术，可以对学生的心理健康状况进行评估和分析，为辅导员提供更为全面、准确的心理健康服务。这样的评估工具可以根据学生的个人信息和行为数据，自动分析学生的心理健康状况，发现潜在的问题并提出相应的建议和干预措施。通过这样的工具，辅导员可以更加及时地发现学生存在的心理健康问题，进行干预和支持，有助于提升学生的心理健康水平和生活质量。

（三）提升辅导员工作效率和质量

通过信息化建设和智能化辅助工具的应用，可以有效提升辅导员的工作效率和质量，为高校辅导工作的现代化和专业化发展提供有力支持。信息化建设方面，建立辅导员工作信息平台是关键一步。这个平台集中管理学生信息、心理健康评估、学业辅导资源等多方面数据，为辅导员提供便捷的工作工具和资源。通过平台，辅导员可以快速获取学生的信息和需求，从而进行个性化辅导。而数据分析功能则能帮助辅导员发现学生存在的问题和困难，及时采取措施进行干预和帮助，提升工作质量。智能问答系统可以为学生提供实时的问题解答和咨询服务，极大地减轻了辅导员的工作负担，同时也为学生提供了更便捷的服务。另外，心理健康评估工具的应用可以快速准确地评估学生的心理健康状况，为辅导员提供更全面、准确的心理健康服务。

六、评价与激励机制

建立科学的绩效评价体系，评价辅导员的工作业绩和专业能力，为其提供成长空间和发展机会。设立激励政策，包括薪酬激励、荣誉称号等，激发辅导员的工作积极性和创造力。

（一）建立科学的绩效评价体系

确立科学的绩效评价体系是高校管理中的重要举措。这一体系不仅可以客观评价辅导员的工作业绩和专业能力，也为其提供了改进和成长的机会，同时也能为其提供发展空间。科学的绩效评价体系应该包括多个方面的考核指标，涵盖辅导员工作的各个方面。学生满意度是其中重要的一个指标，反映了辅导员在学生心目中的形象和服务水平。学业成绩改善情况也是关键指标之一，直接体现了辅导员在学业辅导方面的效果。此外，心理健康服务效果等指标也应纳入考核范围，以全面评价辅导员在心理健康服务方面的表现。

通过定期的评价，可以及时发现辅导员工作中存在的问题和不足，为其提供改进和成长的机会。同时，评价结果也可以作为辅导员晋升、职称评定等方面的重要依据，为其提供更大的发展空间。评价体系的建立需要科学、公正和透明。评价标准和流程应该明确规定，避免主观性和随意性，确保评价结果的客观性和可信度。同时，应该充分听取辅导员的意见和建议，在评价体系的建设过程中保持与其的沟通和互动，确保评价体系的合理性和有效性。

（二）设立激励政策

高校辅导员是学生成长道路上的重要引导者和支持者。为了激发他们的工作积极性和创造力，建立相应的激励政策势在必行。在这个背景下，薪酬激励被视为一种至关重要的方式。高校可以根据辅导员的工作表现和专业能力，给予相应的薪酬调整或奖励。通过与工作表现挂钩的薪酬调整，不仅可以激励辅导员们更加努力地投入到工作中，而且可以建立起一种公平公正的评价机制，激发整个团队的活力和创造力。

除了薪酬激励之外，高校还可以设立荣誉称号和奖励机制，以表彰在辅导工作中表现突出的个人。这种表彰不仅可以肯定个人的努力和贡献，更能够激励其他辅导员为更好地服务学生和高校发展而努力奋斗。荣誉称号和奖励机制的设立,不仅可以提高辅导员的工作积极性和满意度,同时也能够建立起一种健康的竞争氛围,促进辅导员个人成长和职业发展。

(三)提供成长空间和发展机会

高等教育机构在提升辅导员工作积极性和创造力方面,不仅需要考虑评价和激励,还需要为他们提供成长空间和发展机会。这一点尤为关键,因为辅导员的专业发展直接影响到学生的成长和学校的整体教育质量。因此,高校应该积极为辅导员提供各种形式的成长和发展机会。参加培训和学术交流活动是为辅导员提供的重要发展机会。这些活动可以包括专业技能培训、心理辅导方法研讨会、教育理论讲座等。通过参与这些活动,辅导员可以了解最新的教育理论和方法,提升自己的专业水平和工作能力,更好地应对不断变化的教育环境和学生需求。此外,高校还可以拓展辅导员的职业发展渠道,为他们提供更广阔的发展空间。这包括提供晋升机会、参与校园管理、担任学生组织指导老师等。通过给予辅导员更多的职业发展机会,高校可以激励他们更加积极地投入到工作中,同时也能够留住优秀的辅导员人才,提升整体教育质量。

第二节 高校辅导员队伍建设的路径选择

一、培养专业技能和知识

为了确保高校辅导员能够有效地支持学生的成长和发展,培养他们的专业技能和知识是至关重要的。在这个过程中,高校应该提供系统的培训计划,以帮助辅导员不断提升自己的专业素养和能力。在现代高等教育环境中,心理咨询技巧是辅导员必备的一项重要技能。高校应该为辅导员提供心理咨询方面的培训,包括心理学基础知识、心理健康评估方法、心理危机干预技巧等内容。通过这样的培训,辅导员可以更好地理解学生的心理需求,提供针对性的支持和帮助,帮助他们解决心理困扰,促进身心健康的全面发展。

高校应该为辅导员提供沟通技能方面的培训,包括有效倾听、清晰表达、善于交流等技巧。通过培训,辅导员可以提升自己的沟通能力,与学生建立起良好的信任关系，更好地了解他们的需求和问题，为他们提供更加个性化的支持和指导。高校应该为辅导员提供各种学生辅导方法的培训，包括个案辅导、团体辅导、职业规划指导等。通过培训，辅导员可以学习到不同的辅导方法和技巧，根据学生的实际情况和需求，灵活运用各种方法，提供更加有效的支持和帮助，帮助他们顺利完成学业，实现个人成长和发展。

二、建立导师制度

在高校辅导员队伍建设中，建立导师制度是至关重要的一环。这一制度为新任辅导员提供了指导和支持，通过与资深辅导员的师徒关系，新人可以从经验丰富的导师身上学习实践经验和行业内的最佳实践，加速其成长和适应过程。导师制度的建立不仅可以帮助新任辅导员更快地适应工作环境，还可以促进他们的专业成长和发展。在这个制度下，新人可以与导师建立起密切的工作关系，向导师请教工作中遇到的问题，分享自己的经验和感受。通过与导师的交流和互动，新人可以更好地理解辅导员的角色和职责，掌握工作的技巧和方法，提升自己的工作能力和水平。

导师制度也有利于传承和发展辅导员队伍的专业文化和价值观。通过与资深辅导员的交流和互动，新人可以了解到辅导员的工作理念和价值取向，学习到行业内的最佳实践和经验。这有助于新人更好地融入到辅导员队伍中，共同传承和发展辅导员的专业文化和价值观，推动整个队伍向更高水平迈进。导师制度还可以促进辅导员之间的团队合作和交流。在这个制度下，导师不仅是新人的指导者，也是他们的同事和伙伴。通过与导师的合作和交流，新人可以更好地融入到团队中，建立起良好的工作关系，共同为学生的成长和发展而努力。

三、鼓励持续学习

为了保持辅导员队伍的竞争力和专业水平，高校应该积极鼓励他们进行持续学习。这种学习可以通过参加进修课程、研讨会、学术会议等形式进行，有助于辅导员不断更新自己的知识和技能，跟上教育领域的最新发展。教育领域的知识和理论不断更新，教育环境和学生需求也在不断变化，因此，辅导员需要不断学习，以适应这些变化。参加进修课程、研讨会和学术会议可以让辅导员了解到最新的教育理论和方法，学习到行业内的最佳实践，提升自己的专业水平和工作能力。

在竞争激烈的教育领域，具备更高水平的专业知识和技能是获取职业机会和晋升的关键。通过持续学习，辅导员可以不断提升自己的专业素养和能力，增强自己在职场上的竞争力，获得更多的发展机会和提升空间。持续学习也有助于提升辅导员的工作满意度和职业发展前景。不断学习可以满足辅导员对知识和技能的追求，增强他们对工作的兴趣和热情。同时，持续学习也可以为辅导员开辟更广阔的职业发展路径，提供更多的晋升机会和发展空间，激励他们为实现个人职业目标而不断努力奋斗。

四、提供晋升机会和发展路径

晋升机制应该明确规定辅导员在工作中所需达到的标准和条件，以及不同职级之间的晋升路径。这可以为辅导员提供清晰的职业发展方向，帮助他们更好地规划自己的职业生涯，激发他们的工作积极性和动力。高校可以为辅导员制定个人发展计划，根据其专业背景、兴趣爱好和职业目标，量身定制发展路径。这包括提供进修学习的机会、参与项目或课题的机会、担任重要职务的机会等。通过为辅导员提供个性化的发展路径，可以激励他们保持学习和进步的态度，不断提升自己的专业水平和工作能力。

高校还应该注重公平公正，确保晋升机制和发展路径的透明度和公开性。晋升机制应该建立在科学的评价体系之上，评价标准应该公平合理，避免主观性评价和人为因素的干扰。只有确保晋升机制和发展路径的公平公正，才能真正激发辅导员的工作积极性和动力，吸引更多优秀人才加入辅导员队伍。

五、加强团队合作和交流

建立起辅导员之间的团队合作机制和交流平台，有助于促进经验分享和资源共享，提升整个团队的凝聚力和工作效率。在高校辅导员队伍建设中，加强团队合作是至关重要的。辅导员们通常需要在面对学生问题、组织活动等方面进行合作，而良好的团队合作可以提高工作效率，加强服务能力。通过建立起团队合作机制，辅导员们可以更好地协同合作，共同解决问题，推动学校辅导工作的顺利开展。

通过定期的团队会议、工作坊等活动，辅导员们可以分享工作经验、交流工作心得、学习他人成功的做法，从而不断提升自己的工作水平。这种交流不仅可以促进团队之间的沟通和合作，还可以激发团队成员的工作激情，增强整个团队的凝聚力和向心力。另外，加强团队合作和交流还有助于辅导员之间的资源共享。在团队合作的过程中，辅导员们可以共享资源、共同利用学校的教育资源和信息技术设备，提高工作效率，降低工作成本。这种资源共享不仅可以满足辅导员们的工作需求，还可以优化学校的资源配置，实现资源的最大化利用。

六、重视个性化发展需求

高校在辅导员队伍建设中，应当高度重视每个辅导员的个性化发展需求。这种个性化发展的关注点在于根据辅导员的专业背景、兴趣爱好和职业目标，为其量身定制发展计划和培训方案。这样的做法不仅有助于激发辅导员的工作潜力和创造力，还能够实现个人与组织的双赢。个性化发展需求的关注有助于辅导员实现自身潜力的最大化。每个辅导员的背景和兴趣爱好都有所不同，因此他们在工作中的优势和需求也会有所不同。通过重视个性化发展需求，高校可以为辅导员提供更为贴合其特点和需求的发展机会和培训资源，从而帮助他们发挥自己的潜力，实现个人职业目标。

个性化发展需求的关注也有助于提高辅导员的工作满意度和投入度。当辅导员感受到高校对其个性化发展需求的重视和支持时，他们会更加愿意投入到工作中，积极探索和实践，不断提升自己的专业能力和工作水平。这种投入和积极性将促进辅导员队伍的整体发展，为学生提供更加优质的辅导服务。重视个性化发展需求也可以实现个人与组织的双赢。通过为辅导员提供个性化的发展机会和培训资源，高校可以更好地满足辅导员的职业发展需求，提高其工作满意度和忠诚度。这将有助于留住优秀的辅导员人才，稳定辅导员队伍，为高校的长期发展打下坚实的人才基础。

七、建立绩效评估机制

科学的绩效评估机制可以帮助高校对辅导员的工作表现进行定期评估和反馈，从而帮助辅导员了解自己的工作优势和不足之处，及时调整工作方向和提升能力，以达到更好地服务学生和高校发展的目标。建立绩效评估机制有助于客观评价辅导员的工作表现。通过制定明确的评价标准和指标，高校可以对辅导员的工作进行全面、客观的评估。这种评估不仅可以发现辅导员的工作优势和亮点，还可以发现存在的问题和不足之处，为辅导员提供改进和提升的方向。

建立绩效评估机制有助于及时发现和解决工作中存在的问题。通过定期的绩效评估，高校可以及时发现辅导员在工作中可能存在的问题和困难，及时采取有效的措施加以解决。这种及时的反馈和调整可以帮助辅导员更好地适应工作需求，提高工作效率和服务质量。建立绩效评估机制还可以激励辅导员保持工作积极性和动力。通过评价工作表现并给予相应的奖惩措施，可以激励辅导员保持良好的工作状态，不断提升自己的工作水平和能力。这种激励机制有助于增强辅导员的责任感和使命感，推动其更好地为学生和高校发展做出贡献。

建立绩效评估机制还可以提升高校辅导员队伍的整体素质和服务水平。通过对辅导员的工作表现进行评估和反馈，可以帮助他们不断提升自己的工作能力和服务水平，从而更好地满足学生的需求，促进学生的全面发展和成长。

第三节　高校辅导员队伍建设的可持续发展机制建设

一、持续培训机制

高校应建立持续培训机制，为辅导员提供定期的专业培训和学习机会，使其能够跟上教育领域的发展和需求变化。这种培训可以涵盖心理咨询、沟通技能、学生辅导方法等方面，以不断提升辅导员的专业素养和能力。

（一）跟上教育领域的发展

教育领域不断涌现出新的理念、方法和技术，要求辅导员具备不断学习和适应的能力。因此，高校需要建立持续培训机制，以确保辅导员能够与时俱进，保持专业水平和竞争力。在不断变化的教育领域中，新的教育理念不断涌现，例如个性化教育、跨学科教学等。辅导员需要通过持续培训来了解这些新理念，并将其融入到自己的教学和辅导实践中。定期的专业培训和学习机会为辅导员提供了了解最新教育理论和实践的平台，帮助他们不断拓展教育视野，提高教学质量和效果。

除了教育理念，教育技术也在不断更新。从在线教学工具到智能化教学系统，新的技术正在改变教育的面貌。辅导员需要通过持续培训来掌握这些新技术，并将其运用到教学和辅导实践中。通过定期的专业培训和学习机会，辅导员可以了解最新的教育技术和工具，提高教学效率和创新能力。此外，教育领域还在不断提出新的教育方法和策略。例如，探索性学习、问题解决学习等方法正在受到越来越多的关注。辅导员需要通过持续培训来了解这些新方法，并将其应用到实际教学和辅导中。定期的专业培训和学习机会可以帮助辅导员了解最新的教育方法和策略，提高教学的灵活性和针对性。

（二）提升辅导员的专业素养和能力

持续培训不仅是辅导员跟进教育领域发展的关键，同时也是提升其专业素养和能力的重要途径。培训内容涵盖心理咨询、沟通技能、学生辅导方法等方面，旨在针对辅导员在实际工作中所需的各项技能和知识进行提升。通过不断的学习和专业培训，辅导员可以更好地应对各种复杂的学生问题和挑战，从而提供更加专业和有效的辅导服务。在持续培训的过程中，心理咨询是一个重要的培训内容。辅导员需要具备一定的心理咨询能力，以帮助学生解决心理问题、缓解压力、改善心理健康状况。通过学习心理咨询知识和技能，辅导员可以更加敏锐地察觉学生的心理需求，并给予适当的帮助和支持，从而提升学生的心理健康水平。

良好的沟通技能可以帮助辅导员与学生建立起良好的信任关系，有效地传递信息和理解学生的需求。通过学习沟通技能，辅导员可以提高自己的表达能力、倾听能力和沟通技巧，从而更好地与学生进行沟通交流，促进学生的成长和发展。辅导员需要掌握各种有效的学生辅导方法，如个案辅导、团体辅导、职业规划指导等，以满足不同学生的需求和特点。通过学习学生辅导方法，辅导员可以更加灵活地运用各种辅导技巧和方法，帮助学生解决问题、发现潜能，实现个人成长和发展。

（三）促进个人成长和职业发展

持续培训机制不仅是提升辅导员专业素养和能力的关键，同时也是促进个人成长和职业发展的重要途径。通过参加培训和学习，辅导员可以不断丰富自己的知识和经验，拓展自己的职业视野，提升自己在职场上的竞争力。这有助于辅导员实现个人职业目标，不断提升自己的职业地位和待遇。在培训和学习过程中，辅导员可以接触到各种新的知识和理念，了解行业的最新动态和发展趋势，从而不断丰富自己的知识储备。这种知识的不断积累和更新有助于拓展辅导员的职业视野，提升其在职场上的竞争力和影响力。

在培训和学习中，辅导员不仅可以学习到新的知识，还可以掌握各种实用的工作技能和方法。例如，通过学习心理咨询技巧和沟通技能，辅导员可以提升自己的辅导能力和服务水平。同时，持续培训也有助于培养辅导员的创新思维和解决问题的能力，从而更好地应对工作中的挑战和困难。持续培训机制可以为辅导员提供职业发展的平台和机会。通过参加培训和学习，辅导员可以建立起与行业内其他专业人士的联系和交流，了解行业内的最新动态和发展趋势。这有助于辅导员抓住职业发展的机遇，不断提升自己的职业地位和待遇，实现个人职业目标。

二、导师制度

导师制度是辅导员队伍建设的重要组成部分，可以为新任辅导员提供指导和支持，促进其快速成长和适应。建立良好的师徒关系，有助于新人从经验丰富的导师身上学习实践经验和行业内的最佳实践。

（一）传授经验和知识

建立导师制度是辅导员队伍建设中的重要举措，其重要性体现在为新任辅导员提供学习和成长的平台。导师制度为新人打开了一扇通向丰富实践经验和专业知识的大门。通过与经验丰富的导师建立师徒关系，新人可以借助导师的指导和支持，从中获得宝贵的经验和知识。这种传授经验和知识的过程，不仅有助于新人更好地理解工作的本质和要求，还能够提升其在工作中的应对能力和解决问题的能力。在导师制度的指导下，新任辅导员可以通过与导师的交流和互动，深入了解教育工作的各个方面。导师可以分享自己在实践中积累的宝贵经验和教训，帮助新人避免一些常见的误区和错误，从而更加顺利地适应和成长。导师们往往拥有丰富的行业经验和专业知识，他们的指导和教诲对于新人的成长至关重要。

导师可以借助自己的经验指导新人，使其更好地应对工作中的各种情况和挑战。通过导师的指导，新人可以更快地掌握工作的技巧和方法，提高工作效率和质量。导师可以根据自己的经验，为新人提供实用的建议和解决方案，帮助他们更加自信和胜任地开展工作。因此，导师制度为新任辅导员提供了一个宝贵的学习和成长平台，有助于他们从导师身上学习到丰富的实践经验和专业知识。导师的指导和支持可以帮助新人更好地理解和应对工作中的各种情况和挑战，提升其工作能力和专业水平。这种传授经验和知识的过程，对于新人的职业发展具有重要的促进作用。

（二）促进个人成长

导师制度的建立有助于促进新任辅导员的个人成长。这种成长不仅体现在专业素养和工作能力的提升上，更包括视野的拓展和思维方式的改变。通过与导师的交流和学习，新人可以在一个良好的学习环境和成长空间中逐步成长为优秀的辅导员。导师制度为新人提供了一个学习的平台，使其能够不断提升专业素养和工作能力。导师们往往具有丰富的行业经验和专业知识，他们可以与新人分享自己的经验和见解，帮助他们更好地理解工作的本质和要求。通过与导师的交流和学习，新人可以学习到各种实用的工作技能和方法，提高自己的工作效率和质量。

导师制度为新人提供了一个良好的学习环境和成长空间。在导师的指导下，新人可以自由地表达自己的想法和观点，探索自己的兴趣和潜能。导师会给予他们充分的支持和鼓励，帮助他们克服困难和挑战，实现个人成长和发展。这种良好的学习氛围和成长空间，有助于新人更好地发挥自己的潜力，成长为优秀的辅导员。导师制度有助于拓展新人的视野和改变其思维方式。通过与导师的交流和学习，新人可以接触到各种新的思想和理念，了解行业的最新动态和发展趋势。导师们往往具有开阔的视野和独特的思维方式，他们的影响可以帮助新人打破思维的局限，拓展自己的视野，提升自己的综合素质。

（三）加强团队凝聚力

导师制度的建立有助于加强辅导员队伍的团队凝聚力。这种凝聚力不仅体现在建立师徒关系的密切联系上，更体现在共同促进工作的开展和发展上。导师不仅是新人的指导者，同时也是团队的领导者和榜样，他们的带头作用可以有效地提升整个团队的凝聚力和工作效率。导师制度通过建立师徒关系，促进了辅导员之间的联系和合作关系。在导师的指导下，新人可以与导师建立起良好的师徒关系，分享工作经验和专业知识，共同探讨工作中遇到的问题和挑战。这种密切的联系和合作关系，有助于促进辅导员之间的团队凝聚力，增强团队的战斗力和凝聚力。

导师不仅是新人的指导者，同时也是团队的领导者和榜样。导师们往往具有丰富的行业经验和专业知识，他们的言传身教对于团队的建设和发展至关重要。导师们通过自己的行动和实践，向团队成员树立了良好的榜样，激发了团队成员的工作热情和创造力，增强了团队的凝聚力和向心力。导师的带头作用可以有效地提升整个团队的凝聚力和工作效率。导师们在工作中展现出的领导力和团队合作精神,可以激励团队成员共同努力,共同进步。导师们的指导和支持可以帮助团队成员更好地协同合作,提高工作效率和质量,实现团队的共同目标和使命。

三、绩效评估机制

建立科学的绩效评估机制,对辅导员的工作表现进行定期评估和反馈。这可以帮助辅导员及时发现问题并进行改进,促进其持续提升工作效率和服务质量。

(一) 明确评估标准和指标

确立明确的评估标准和指标是绩效评估机制的基础,它为辅导员的工作评价提供了客观、科学的依据。这些标准和指标的明确制定可以涵盖多个方面,包括工作态度、工作效率、服务质量和团队合作等,旨在全面评估辅导员在工作中的表现和成果。通过这些明确的标准和指标,评估过程能够更加公正和客观,确保评价结果的科学性和准确性。明确的评估标准和指标有助于界定辅导员工作的方向和目标。通过制定明确的标准和指标,可以明确规定辅导员在工作中应该具备的素质和能力,明确工作任务的要求和目标,为辅导员的工作提供明确的指引和标准。

通过明确的标准和指标,可以对辅导员的工作态度、工作效率、服务质量和团队合作等方面进行全面评价,客观地反映辅导员在工作中的实际表现和成果。明确的评估标准和指标有助于及时发现问题并加以改进。通过定期对辅导员的工作进行评估,可以及时发现工作中存在的问题和不足之处,为辅导员提供改进的机会和空间,促进其不断提升工作效率和服务质量。通过明确的标准和指标,可以为辅导员提供明确的工作目标和奖惩机制,激励他们积极工作,提升工作绩效,实现个人和团队的共同发展。

(二) 定期评估和反馈机制

定期的评估可以帮助辅导员及时发现工作中存在的问题和不足之处,及时采取措施加以改进。同时,定期的反馈也可以帮助辅导员更好地了解自己的工作表现和发展方向,激励其持续提升工作效率和服务质量。定期评估可以帮助辅导员及时发现工作中存在的问题和不足之处。通过定期对辅导员的工作进行评估,可以全面了解其在工作中的表现和成果。评估过程中发现的问题和不足之处可以及时纠正和改进，避免问题进一步恶化或影响工作效果。

定期的反馈可以帮助辅导员更好地了解自己的工作表现和发展方向。通过向辅导员提供定期的反馈，可以让他们清楚地了解自己在工作中的优点和不足，从而更好地调整工作方向和提升工作水平。同时，反馈还可以帮助辅导员认识到自己的成长空间和发展需求，激励其持续学习和进步。定期评估和反馈机制有助于激励辅导员持续提升工作效率和服务质量。通过定期的评估和反馈，可以为辅导员提供明确的工作目标和改进方向，激励其积极工作，提升工作绩效。同时，定期的反馈也可以让辅导员感受到组织对其工作的重视和支持，增强其工作动力和责任感。

（三）建立奖惩机制激励优胜惩励败

建立奖惩机制是绩效评估体系中的关键环节，能够激励辅导员积极工作、促进工作效率和服务质量的持续提升。对于表现优秀的辅导员，应当给予适当的奖励和荣誉，以表彰其优秀的工作成绩和贡献。而对于表现不佳的辅导员，应当采取相应的惩罚措施，并提供必要的培训和指导，帮助其改进工作表现。通过建立奖惩机制，可以有效激励辅导员，促进他们持续提升工作效率和服务质量。对于表现优秀的辅导员，应当给予适当的奖励和荣誉。这可以通过颁发荣誉称号、颁发奖金或提供其他物质奖励等方式进行。这些奖励不仅可以表彰辅导员的优秀工作成绩和贡献，还可以激励他们继续保持优秀表现，不断提升工作水平。

对于表现不佳的辅导员，应当采取相应的惩罚措施，并提供必要的培训和指导。惩罚措施可以包括口头警告、书面警告、降职调岗等方式，根据具体情况采取适当的惩罚措施。同时，针对表现不佳的辅导员，还应提供必要的培训和指导，帮助他们改进工作表现，提升工作能力。建立奖惩机制可以激励辅导员积极工作，促进他们持续提升工作效率和服务质量。奖惩机制的建立能够为辅导员提供明确的工作目标和改进方向，增强其工作动力和责任感。同时，奖惩机制的实施也能够为整个辅导员队伍树立良好的工作氛围和激励机制，促进团队的健康发展和高效运作。

四、个性化发展支持

高校应重视每个辅导员的个性化发展需求，根据其专业背景、兴趣爱好和职业目标，量身定制发展计划和培训方案。这有助于激发辅导员的工作潜力和创造力，实现个人与组织的双赢。

(一) 根据专业背景量身定制培训计划

为了更好地满足辅导员的个性化发展需求，高校可以根据其专业背景量身定制培训计划。这种个性化的培训计划能够更好地满足不同专业背景辅导员的专业知识和技能需求，提高其工作水平和服务质量。针对具有心理学背景的辅导员，高校可以提供更深入的心理咨询培训。这种培训可以涵盖心理咨询的基本理论、技巧和方法，帮助他们更好地理解和应对学生的心理问题。心理学背景的辅导员可能在心理咨询方面有一定的基础，但通过系统的培训可以进一步提升其心理咨询能力，更好地为学生提供心理健康支持。

对于具有教育学背景的辅导员，高校可以提供更多的教学方法培训。教育学背景的辅导员可能更加关注学生的教育和学习过程，因此他们需要掌握更多的教学方法和技巧，以便更好地指导学生的学习和发展。通过提供针对性的教学方法培训，可以帮助他们更加有效地开展辅导工作，促进学生的学习和成长。还可以根据辅导员的具体需求，提供其他专业化的培训和学习机会。例如，对于具有社会工作背景的辅导员，可以提供相关的社会工作培训；对于具有职业咨询背景的辅导员，可以提供相关的职业咨询培训。通过量身定制的培训计划，可以更好地满足辅导员的个性化发展需求，提高其工作效率和服务质量。

(二) 考虑兴趣爱好设计个性化发展路径

为了更好地满足辅导员的个性化发展需求，高校可以考虑辅导员的兴趣爱好，设计个性化的发展路径。辅导员可能对特定领域或主题有浓厚的兴趣，因此结合其兴趣爱好，为其提供相关的培训和发展机会，可以激发其工作激情和创造力，实现个人与组织的双赢。高校可以通过调查问卷、个人交流等方式了解辅导员的兴趣爱好，包括他们喜欢的领域、活动、专业课程等。通过收集这些信息，可以更好地为辅导员量身定制个性化的发展路径。

根据辅导员的兴趣爱好，为其提供相关的培训和发展机会。例如，如果某位辅导员对心理健康领域有浓厚的兴趣，高校可以安排他参加心理健康咨询的培训课程或工作坊；如果有辅导员对艺术创作感兴趣，可以组织相关的艺术表达活动或工作坊。通过结合辅导员的兴趣爱好，为其提供相关的培训和发展机会，可以激发其工作激情，提高工作积极性和满意度。将个性化的发展路径纳入绩效评估和晋升机制中。高校可以根据辅导员的个性化发展路径进行绩效评估，将其兴趣爱好和专业发展纳入考量范围，以更全面地评价其工作表现。同时，个性化的发展路径也应该与辅导员的职业发展和晋升机制相结合，为其提供更多的晋升机会和发展空间。

（三）根据职业目标提供个性化发展支持

为了更好地满足辅导员的个性化发展需求，高校应当根据其职业目标提供个性化的发展支持。不同的辅导员可能对自己的职业发展有着不同的期望和目标，因此，为他们量身定制的发展支持将有助于实现他们的职业目标，并充分发挥其个人潜力。高校可以通过定期的个人发展规划会议、职业咨询等方式，与辅导员深入沟通，了解其职业发展的期望和目标。通过这样的交流，可以更准确地把握辅导员的职业发展方向，为其量身定制个性化的发展支持。

根据辅导员的职业目标提供相应的培训、项目和机会。例如，如果某位辅导员希望深耕学术研究领域，高校可以为其提供相关的学术研究培训、科研项目支持以及学术交流机会，帮助其提升研究水平和学术影响力。而对于更关注实践工作的辅导员，则可以提供相关的实践项目、工作坊以及行业交流机会，帮助其提升实践能力和解决问题的能力。将个性化的发展支持纳入绩效评估和晋升机制中。高校可以根据辅导员的个性化发展支持情况进行绩效评估，将其职业目标的实现情况纳入考量范围，以更全面地评价其工作表现。同时，个性化的发展支持也应该与辅导员的职业晋升机制相结合，为其提供更多的晋升机会和发展空间。

五、团队合作和交流机制

建立起辅导员之间的团队合作机制和交流平台，促进经验分享和资源共享。定期的团队会议、工作坊等活动可以加强辅导员之间的联系，提升整个团队的凝聚力和工作效率。

（一）促进经验分享

在推动经验分享方面，团队合作机制和交流平台扮演着关键角色。在辅导员团队中，每个人都有独特的经历和专业知识。通过建立定期的团队会议或工作坊等形式，可以为辅导员们提供一个分享工作经验和最佳实践的平台。这种分享不仅能够丰富团队成员的知识储备，还能够激发创新思维，推动团队整体的专业水平提升。在这些会议或工作坊中，辅导员们可以就自己在工作中遇到的问题、面对的挑战以及取得的成就进行交流。通过分享成功经验和解决方案，团队成员们可以从彼此的经验中汲取启发，为自己的工作提供新的思路和方法。

经验分享也有助于加快新成员的融入速度。对于新加入的辅导员来说，了解团队中其他成员的工作经验和做法，可以帮助他们更快地适应团队的工作氛围和要求。通过与老成员的交流，新成员可以更快地获取必要的工作技能和知识，从而提高工作效率，缩短适应期。

（二）资源共享

资源共享在辅导员团队中扮演着重要的角色，而团队合作机制则为资源的共享提供了有效的渠道。在辅导员团队中，可能存在着各种各样的资源，包括培训材料、教学工具、案例分析等。通过建立交流平台，辅导员们可以共享这些资源，实现资源的高效利用，从而提高整个团队的工作效率。资源共享不仅能够避免资源的重复采购和浪费，还能够最大程度地利用团队内部的专业优势。在辅导员团队中，每个成员都可能拥有不同的专业背景和技能，拥有不同的资源库。通过建立交流平台，团队成员们可以将自己手中的资源进行共享，让团队内的每个人都能够获益。这种资源共享不仅可以提高团队整体的综合能力，还能够为团队成员们提供更全面的服务。

资源共享还能够促进团队成员之间的合作与协作。在工作中，团队成员们可能会面临各种各样的挑战，需要借助各种资源来解决问题。通过共享资源，团队成员们可以更加有效地协同工作，共同应对挑战，提高工作效率。同时，资源共享也能够促进团队成员之间的交流与互动，增强团队的凝聚力和向心力。

（三）提升凝聚力和工作效率

加强团队的凝聚力和提高工作效率是辅导员团队发展中至关重要的方面，而定期的团队会议、工作坊等活动则是实现这一目标的有效途径。这些活动不仅仅是为了促进经验分享和资源共享，更重要的是通过加强成员之间的交流与互动，增强团队的凝聚力，从而提升整个团队的工作效率和执行力。在会议上，成员们可以面对面地交流意见、讨论工作计划，共同解决团队面临的问题。通过这样的互动，成员们能够更好地了解彼此，建立起更加紧密的合作关系。这种团队凝聚力不仅有助于提升团队的向心力和归属感，还能够激发团队成员的工作热情和积极性，推动团队整体的发展。

除了团队会议，定期举办工作坊等活动也能够增强团队的凝聚力。在工作坊中，团队成员们可以共同参与各种专业培训、讨论与学习活动，共同探讨工作中的挑战和解决方案。这种共同学习与合作的过程不仅能够促进团队成员之间的交流与互动，还能够加深彼此之间的了解，进一步增强团队的凝聚力。此外，这些活动也为团队制定工作目标、解决问题提供了一个有效的平台，有助于提升整个团队的工作效率和执行力。在活动中，成员们可以共同讨论制定团队的工作计划和目标，并共同探讨解决工作中遇到的问题的方法和策略。通过这样的合作与协作，团队成员们能够更加高效地完成工作任务，提升整个团队的执行力。

参考文献

[1] 赵红灿. 高校辅导员职业化发展路径研究［D］. 徐州：中国矿业大学，2017.

[2] 李辉，侯东栋. 高校辅导员职责边界的泛化机制与廓清策略［J］. 高校学生工作研究，2022（02）：141-148.

[3] 朱其伟. 高校辅导员就业指导能力提升的路径［J］. 广西教育，2023（27）：105-108.

[4] 王聪. 新时代高校辅导员的工作职责及其履行策略［J］. 科学咨询（科技·管理），2023（09）：184-186.

[5] 孙杰. 高校辅导员角色自律的本质要求、现实挑战及应对策略［J］. 大学教育，2023（12）：14-18.

[6] 莫丹华. 高校辅导员思想政治教育话语发展研究［D］. 湘潭：湘潭大学，2022.

[7] 李天平. 高职辅导员职业压力及干预策略研究［D］. 桂林：广西师范大学，2023.

[8] 林毅，林成策. 高职院校辅导员工作能力提升机制研究［J］. 成才之路，2023（09）：37-40.

[9] 赵宁. 高校辅导员职业伦理困境与对策研究［D］. 太原：太原科技大学，2019.

[10] 冉辉，张钱，禹真等. 新时代地方高校辅导员职业素养的核心要求、提升意义和方向［J］. 铜仁学院学报，2023，25（05）：18-24.

[11] 郭惠芝. 高校辅导员德育工作的经验和创新［J］. 学园，2023，16（36）：56-58.

[12] 何雁敏. 新时代高校辅导员职业发展路径浅探［J］. 科教导刊，2023（07）：84-86.

[13] 黎婧. 高校辅导员职业发展路径研究［J］. 就业与保障，2021（05）：153-154.

[14] 苗娜，李杰. 高校辅导员职业生涯规划的现状及改进策略［J］. 新西部，2021

（08）：106-108.

[15] 罗燕,严迎黎.高校辅导员继续教育发展路径探析[J].中国成人教育,2023（04）：57-60.

[17] 李瑶,樊舒婕,李英.关于高校辅导员专业化发展的思考[J].办公室业务,2023,（20）：122-124.

[18] 张平,潘敏,管晶.高校辅导员专业化发展困境与路径研究[J].北京教育（德育）,2023（09）：93-96.

[19] 郜晋瑜,袁芮.高校辅导员专业化发展的理论逻辑和现实路径[J].甘肃教育,2023（03）：61-64.

[20] 余琪.高校辅导员专业化发展的困境及对策分析[J].上海理工大学学报（社会科学版）,2022,44（03）：317-320.

[21] 任静静,董方超.高校辅导员团队胜任力评价模型构建[J].南京广播电视大学学报,2021（02）：46-50.

[22] 胡杨.高校辅导员领导力提升路径探究[J].辽宁工业大学学报（社会科学版）,2023,25（05）：96-98.

[23] 施南奇.高校辅导员职业能力研究的历史回溯与未来展望[J].黄河水利职业技术学院学报,2023,35（03）：59-65.

[24] 劳家仁.ERG理论视角下高校辅导员职业幸福感研究[J].职业技术教育,2021,42（23）：54-57.

[25] 陆珈怡.高校辅导员职业化研究[D].南京：东南大学,2018.

[26] 郜晋瑜,袁芮.高校辅导员专业化发展的理论逻辑和现实路径[J].甘肃教育,2023（03）：61-64.

[27] 冉育彭.高校辅导员专业化发展的现实矛盾及化解途径[J].教育观察,2023,12（13）：73-75+108.

[28] 彭榜容.网络视角下高校辅导员工作方法创新运用研究[J].作家天地,2019（20）：75-76.